JN059456

サイコ・クリティーク
Psycho Critique 9

少年非行

保護観察官の処遇現場から

HAZAMA Kyoko
羽間京子

批評社

母・中島幸子に

（2022 ［令和4］ 年10月15日永眠）

増補新版によせて

　本書が出版されてから，10数年が経ちました。日本の少年司法制度における，この間の最も大きな変化として挙げられるのは，2021（令和3）年5月に制定され，2022（令和4）年4月に施行された「少年法等の一部を改正する法律」による諸改正（以下，2021年法改正といいます）が行われたことです。

　この改正に関する議論は，選挙権年齢や成年年齢が引き下げられることとなったこと（最終的に，2022［令和4］年4月施行の民法改正によって実現）を契機に，少年法における成人・少年をいかに整理するかという観点で開始されたものです。少年法の適用対象年齢の上限を20歳から18歳に引き下げるかどうか，また，犯罪をした人や非行のある少年に対する処遇の一層の充実のための法整備のあり方が課題となり，2017（平成29）年3月から，法制審議会少年法・刑事法（少年年齢・犯罪者処遇関係）部会（以下，部会といいます）において審議が始まりました。[*1]私も，部会委員としてこれに参加

[*1]　部会の議論の詳細は，法務省HP（https://www.moj.go.jp/shingi1/housei02_00296.html）に掲載されています。

3

しました。部会では激しい議論が交わされましたが，異論がなかっ
たのは，少年法のもとでの手続や保護処分による処遇が，18歳・19
歳の少年の改善更生や再非行の防止のためにも有効に機能している
という点でした。

　約3年半にも及んだ議論を経て，部会の意見は2020（令和2）年9
月に取りまとめられました。そこでは，18歳・19歳の人について，「民
法上も成年として位置付けられるに至った一方で，類型的に未だ十
分に成熟しておらず，成長発達途上にあって可塑性を有する存在」
と位置づけ，「刑事司法制度において，18歳未満の者とも20歳以上
の者とも異なる取扱いをすべきである」とされました。法制審議会
の答申を経て，2021（令和3）年5月に少年法等の一部を改正する法
律が制定され，少年法の適用対象年齢の上限を20歳に維持しつつ，
18歳・19歳の少年を「特定少年」と名づけた上で，いくつかの特例
等が設けられました。たとえば，特定少年に対する保護処分は，犯
情の軽重を考慮して相当な限度を超えない範囲内においてしなけれ
ばならないとされるとともに，虞犯がその対象から除外されました。
このような特例等の導入に伴い，保護観察の基本法である「更生保
護法」も改正されました。

　さらに，2022（令和4）年6月には，「刑法等の一部を改正する法律」
が成立し，公布から3年以内に施行されることになりました。刑法
とともに更生保護法も改正され，保護観察処遇を充実させるための
規定や被害者等の心情等を踏まえた処遇等の規定が整備されました
（以下，2022年法改正といいます）。

　このような大きな法改正を踏まえ，このたび，本書も改訂するこ

ととしました。改訂の主たる内容は，次の通りです。

1. 2021年法改正の内容を本書に反映させるとともに，少年司法手続がさらに複雑となったこともあり，できるだけ平易な説明を心がけました。そのため，少年司法手続に関連する説明を含む第1章と第5章は，初版から大幅な改訂を行いました。加えて，特定少年に対して導入された特例等を踏まえ，事例に必要な修正（修正点を明記）をし，また，法改正前後の相異に関する注記を設けました。さらに，2022年法改正について必要な注記をするとともに，同改正による更生保護法の新たな規定のうち，非行のある少年の処遇に関係する主要な内容に関しては，「あとがきに代えて」の中で触れました。

2. 2013（平成25）年には，アメリカ精神医学会の「精神疾患の診断・統計マニュアル（Diagnostic and Statistical Manual of Mental Disorders）」が，前の版である第4版から改訂・発刊されました（第5版：DSM-5）。その中で，いわゆる発達障害（DSM-5では「神経発達症群」）に関連する用語や診断基準の改訂が多くなされました。さらに，2022（令和4）年には，その改訂版であるDSM-5-TRが発刊されました。そこで，DSM-5-TRに基づいて必要な修正を加えました。

3. 本書の第2章から取り上げた事例は，「初版まえがき」にあるように，何人かの少年をモデルとした架空事例ですが，モデルとなることを承諾してくれた少年は，2021年法改正以前に保護観察に付された人たちです。当時を反映し，初版においては違法薬物を

全て「シンナー」としていましたが，現在，シンナー吸入目的の所持で補導される少年の数は少ないこともあり，事例の本質を損なわない範囲で，「違法薬物」と表記したり，他の非行名に変更したりしました。

4. ジェンダーの観点から呼称を改め，また，その他の字句の訂正を加えました。同様に，時代の変化に伴い，いくつかの表現をより適切なものに改めました。

5. 初版発行後，読者からの質問も踏まえ，説明を加えたい箇所が出てきたため，注記や解説等を追加しました。

　第1章の内容は，なじみのない方からすると，少し難しく感じるかもしれません。しかし，とにかく目を通してみてください。そして，第2章からの事例を読んだ後で再び照合すると，少年司法手続の概略や保護観察の仕組みを，より一層理解していただけると思います。

　また，第2章からの事例については，少年と保護観察官のやりとりが逐語的に記載されているところを，複数のメンバーで読み合わせたり，シナリオロールプレイをしたりしてみると，少年や保護観察官の気持ちを，より実感をもって追うことができるのではないかと思われます。

　本書が，非行のある少年の立ち直り支援に関する，現実に即した建設的議論の展開に寄与できることを心から願っています。

初版まえがき

　あくまでも統計のレベルの話ですが，少年（20歳未満の人。女子も含む）による非行の件数は，近年，急激に増加しているわけではありません。また，少年が加害者となった殺人事件も急増しているわけではありません。

　一方，1990年代後半から，少年非行に対する社会の注目は非常に高まりました。その契機となったのが，1997（平成9）年に神戸市で起きた少年による児童連続殺傷事件であったことは，改めて言うまでもないでしょう。さらに，その後に散発した，社会の耳目を集めるような少年による他害事件を背景に，1949（昭和24）年1月1日に施行されて以来，様々な論議はあったものの改正に至らなかった少年法が，2001（平成13）年4月1日に施行された少年法等の一部を改正する法律により改正されました。そして，少年法は，その後も改正が重ねられています。

　少年法の規定に基づき，非行のある少年にかかわる主な公的機関には，家庭裁判所，少年鑑別所，少年院，保護観察所，児童相談所，児童自立支援施設等があります。このうち，保護観察所は，保護観

察の対象となった，非行のある少年ならびに犯罪をした人（20歳以上の人）の再非行や再犯の防止と改善更生を目的とした社会内処遇を実施する機関です。少年法等の改正に加え，保護観察は，長い間，その基本法だった犯罪者予防更生法（1949［昭和24］年7月1日施行）と執行猶予者保護観察法（1954［昭和29］年7月1日施行）が，2008（平成20）年6月1日に施行された更生保護法に整理・統合されるなど，近時，大きく変化しています。

　私は，1984（昭和59）年に法務省に入省し，保護観察官として，計12年余，保護観察処遇に従事した後，1999（平成11）年に今の仕事に転じました。ですから，現在は，非行のある少年とのかかわりは多くありません。しかし，非行のある少年に関与している大人たちとの会話を通して思うのは，保護観察官時代に自分が見ていた少年非行と今の様相は，大きく異なっているわけではないようだということです。そして，もう一つ感じているのは，非行のある少年や非行傾向のある子どもの自立や成長・発達を支援しようと真摯に模索している，学校教師を含めた大人たちの実感と，世間の感覚の間にはいくらかのずれもあるようだということです。

　そこで，本書では，少年非行と非行のある少年に対する処遇の現状を踏まえるとともに，保護観察の処遇に携わる者として直面し，今でも考え続けているいくつかの課題をまとめてみることにしました。前述のように，自分が保護観察の現場にいたのは一昔前ですが，時が過ぎても，制度の相異や変更があっても，非行のある少年の健全育成を目的とする営みであるならば，かかわる大人に求められる基本的な課題や視点に，それほど大きな変化はないだろうと私は考

えています。また，少年非行や少年法に関する書籍は数多く出版されていますが，家庭裁判所や少年院等に勤務経験のある方によるものに比べると，保護観察を中心にした本が少ないことも，本書をまとめる動機の一つとなりました。

　ところで，保護観察は，対象となる人の意思にかかわらず，法に基づいて国家が決定し実施するものですから，悩みを抱える人が自ら訪れるような外来の相談室とは構造が異なります。さらに，保護観察の処遇に携わる者に対する法的・社会的要請は，その対象となる少年の健全育成とともに社会の保護にあることも，保護観察特有の性質として挙げられるでしょう。それゆえ，保護観察は特殊な臨床現場のようにとらえられることも少なくありません。しかし，他の臨床場面と異なる要素を有するからこそ，保護観察では，それ以外の臨床で目立ちにくいことがくっきりと表面に出てきやすいように私には思えるのです。というのは，保護観察以外の臨床現場での援助体験を通して，保護観察の場で生じた現象は他の臨床場面でも生じるし，保護観察官として直面し考え続けてきた事柄は，非行のある少年との臨床以外でも有効だと感じることが多いからです。その意味で，本書に記述した内容は，少年の保護観察という場面に限られた議論ではないだろうと思います。

　なお，本書には複数の事例が出てきます。保護観察官は国家公務員であり，守秘義務があります。私も，保護観察官として職務上知り得た事柄を，そのまま書くことはできません。そこで，本書では，事例の提示にあたって，モデルになることについて了解が得られた事例のうち，一人の少年ではなく何人かの少年をモデルにして構成

し直し，さらに，本質を損なわない範囲で，事実関係に大幅な修正を加えました。したがって，本書で記述されているのは，この作業によってできあがった架空事例です。とはいえ，保護観察の現場によくいる少年になっているのではないかと思いますし，また，少年と接して私が体験していた感情や当時考えていたことなどについては，事実の通り述べています。

　最後に，本書のもととなったのは，『精神医療』第39号（2005［平成17］年7月刊）から第53号（2009［平成21］年1月刊）に連載した「少年非行をめぐって」ですが，単行本化にあたって，新たに制定された更生保護法の規定に従って保護観察制度についての記述を修正し，少年法等の改正によって変更された部分を盛り込み，「だ・である」調を「です・ます」調に書き直すとともに，かなりの加筆修正を加えました。

　本書を手にしていただいた方の何かに資するところがあれば，これほどの喜びはありません。

（2009［平成21］年6月記）

少年非行
──保護観察官の処遇現場から │ *目 次

第1章
少年司法手続の概略と保護観察の仕組み

1.1　はじめに

　少年非行に関する授業で，最初に私が発することが多い質問の一つは，「非行（ないし非行のある少年）ということばは，具体的に何を指していると思いますか」というものです。そのとき返ってくる答えとしては，たとえば，窃盗や傷害のような行為を非行として挙げるものから，校則違反の服装等を非行とするものまで，実に様々です。このように，非行（ないし非行のある少年）ということばのイメージは，人によって大きく異なるようです。したがって，子どもの非行問題についてともに考えようとするなら，非行や非行のある少年ということばが指し示す内容について共通認識をした上でないと，議論が成り立ちません（羽間，2002）。

　そこで，第2章から取り上げる事例の理解のためにも，本章では，犯罪や非行ということばが何を指しているのか，どのような子どもが非行のある少年と認定されるのかを見ていきます。さらに，保護観察に付される少年が，発見（ほとんどが警察によりますので，以

下，発見者を警察と記します）されてから保護観察所に来るまでに，どのような少年司法手続を経るのか，そして保護観察の仕組みとはどのようなものかを踏まえておきたいと思います。

なお，本書冒頭の「増補新版によせて」でも述べましたが，2021年法改正により，18歳・19歳の特定少年について，17歳以下の少年とは異なる特例等が設けられました。ここでは，必要に応じて改正前の規定を付記します。

1.2　非行のある少年とは

人間が共同生活体としての社会を作り上げ，その中で生活していく以上，社会の秩序や安定を損なう行為は社会の統制の対象とされてきました。犯罪とは「広く社会的共同生活の秩序を侵害する人の行為」（大塚，2008, p.89）や「個人・社会・国家に害悪をもたらす一定の行為」（山口，2015, p.5）であるなどとされていますが，具体的にどのような行為を犯罪とみなすかは，時代やその社会によって異なります。

ただし，近代刑法の大原則の一つに，「罪刑法定主義」というものがあります。これは，一定の行為を犯罪とし，これに刑罰を科するためには，あらかじめ成文の法律によって明確に定めておかなければならないという原則です。たとえば，日によって，あるいは為政者の気分によって，何が犯罪でどのような刑罰を科されるかが変わってしまうようでは，国民は安心して暮らすことができません。したがって，罪刑法定主義は刑法の重要な原則の一つです。

日本において犯罪と刑罰を定めている法律は，一般刑法と特別刑法と呼ばれるものです。一般刑法とは，1907（明治40）年4月に公布された刑法を指します。特別刑法とは，新しい社会的要請に応じるなどして，特定の分野等について罪刑を定めている法律で，たとえば，「道路交通法」や「覚醒剤取締法」等がこれにあたります。

　少年（年少者）の犯罪及び犯罪類似の行為を非行と呼び，犯罪をした成年者に比べて人格が発展途上にあって未成熟であるとして，異なる法的取扱いを採用しているのが20世紀以降の世界的な傾向です。

　以上のように，非行は社会防衛の観点から生まれたことばであって，法律的な概念です。非行のある少年を法律的に規定し，そのような少年の取扱いについて定めているのが少年法です。

　少年とは，少年法2条で「20歳に満たない者をいう」と規定されています。そして，少年法は3条1項において，非行のある少年を次のように定義しています（［　］内は筆者補足）。

1　罪を犯した少年［14歳以上の人で，「犯罪少年」と呼ばれます］
2　14歳に満たないで刑罰法令に触れる行為をした少年［14歳未満の人で，「触法少年」と呼ばれます］
3　次に掲げる事由があって，その性格又は環境に照して，将来，罪を犯し，又は刑罰法令に触れる行為をする虞のある少年［「虞犯少年」と呼ばれます］
　イ　保護者の正当な監督に服しない性癖のあること。
　ロ　正当の理由がなく家庭に寄り附かないこと。

ハ　犯罪性のある人若しくは不道徳な人と交際し，又はいかがわしい場所に出入すること。

ニ　自己又は他人の徳性を害する行為をする性癖のあること。

　刑法は41条で「14歳に満たない者の行為は，罰しない。」と規定していますから，14歳未満の人が刑罰法令に触れる行為をしても，刑務所で受刑させるなどの罰則を科すことはできません。そのため，少年法においても，1の犯罪少年と2の触法少年が区別されています。また，3の虞犯の規定は少年だけに存在するもので，少年法の適用を受けない人（以下，大人といいます）の場合にはありません。

　このうち犯罪少年と触法少年の違いは年齢のみであり，犯罪や触法行為は，たとえば窃盗や規制薬物の所持・売買等，一般刑法や特別刑法において規定されているものですから，明確に判断でき，その判断が両者で異なることはありません。それに比べると虞犯少年に関しての法文は曖昧で，その判断に伴う困難が予想されるとして，様々な議論がなされています。イメージしにくいと言われることも少なくありません。虞犯少年の一例としては，正当な理由もないのに家出状態を続け，売春を繰り返して自分の人格を損なうような行為を繰り返している少年が挙げられます[*1]

　なお，18歳以上の少年は，2021年法改正前は虞犯の対象でしたが，2022（令和4）年4月の民法の成年年齢の引き下げによって保護者の監督から外れたことから，2021年法改正により，虞犯の対象から除外されました。

＊1　少年非行の現状については，資料1にまとめました。

1.3　少年法の目的と少年司法手続の概略

1.3.1　少年法の目的

　少年法は、「少年の健全な育成を期し、非行のある少年に対して性格の矯正及び環境の調整に関する保護処分を行うとともに、少年の刑事事件について特別の措置を講ずることを目的」（1条）としており、その究極の目的は、「健全育成」にあると解されます。

　そこで、この健全育成ということばが何を指すのかが問題とされてきましたが、少年法が当時のアメリカの少年裁判所法の強い影響下で制定されたこともあって、従来、「国親思想」による説明がなされてきました。国親思想とは、非行のある少年は保護に欠けており、これらの少年に対して親に代わって国が保護を与えるべきだという思想です。そして、健全育成について、たとえば法律学者である廣瀬（2021）は、「少年に対して、必要な教育・保護的な働きかけを行って、その再非行を防止し、その社会復帰を果たさせること」（p. 122）としています。

　このように少年の健全育成を図る目的から、少年法は虞犯少年を規定し、犯罪や触法行為につながらないように働きかけることを可能としているわけです。

1.3.2　少年司法手続の概略

　少年司法手続の概略を述べる前に、大人の刑事司法手続について触れます。20歳以上の人が罪を犯し、警察が捜査して犯罪の嫌疑が

図1　主たる少年司法手続

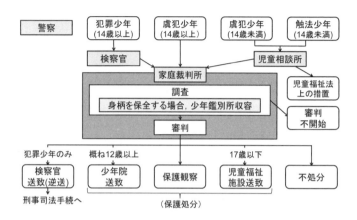

注1)「児童福祉施設」は，児童自立支援施設及び児童養護施設をいう.

認められると，事案が軽微な一定の事件を除いて，事件は検察官に送致されます。検察官は捜査を行い，犯罪の嫌疑が認められれば，起訴するか否かを決めます。起訴されれば裁判となり，有罪か無罪かが判断され，有罪の場合は刑罰が言い渡されます。

　これに比べると，少年司法手続は非常に複雑です。図1で，少年司法手続のうち，主たるものを示しました。図1にあるように，少年司法手続においては，大人の刑事司法手続と異なり，家庭裁判所が中心となっています。

　以下，少年司法手続をいくつかの段階に分けて見ていきます。

（1）発見から家庭裁判所に送致されるまで

触法少年と14歳未満の虞犯少年：触法少年と14歳未満の虞犯少年は

（図1の上部の右から一つ目と二つ目），「児童」として，児童福祉法上の措置が優先され，警察から児童相談所等に通告されます。家庭裁判所は，児童相談所長等から送致されたときに限って，調査・審判をすることができます。

14歳以上の虞犯少年：14歳以上の虞犯少年については（図1の上部の右から三つ目），警察が，直接家庭裁判所に送致・通告するか，児童相談所に通告するかを選択することができます。

犯罪少年：犯罪少年（14歳以上）の場合（図1の上部の「警察」の右隣），罰金以下の刑に当たる事件は，全て警察から家庭裁判所に直送されます。禁錮以上の刑に当たる事件は，警察から検察官に送致され，捜査を遂げた結果，犯罪の嫌疑があると認めるときは家庭裁判所に送致されます[*3]。

（2）家庭裁判所の調査と調査段階での措置

　家庭裁判所では，家庭裁判所調査官（以下，調査官といいます）という専門家が，少年の性格や環境要因を含めた「要保護性」に関する調査（「社会調査」といいます）にあたります。要保護性とは，(a)「犯罪的危険性（累非行性）」（再非行の危険性），(b)「矯正可能性」（保護処分によって犯罪危険性を除去する可能性があること），(c)「保護相当性」（保護処分が最適であること）の三つの要素からなる

[*2] 2022（令和4）年6月に制定された刑法等の一部を改正する法律により，懲役刑と禁錮刑は廃止され，拘禁刑が創設されました（公布日から3年以内に施行）。

[*3] 犯罪の嫌疑がない場合でも，17歳以下の少年について虞犯であると認めるときは，家庭裁判所に送致されます。

とするのが現在の通説です（ただし，異論もあります［廣瀬，2021参照]）。調査官は，少年や保護者等に面接したり，必要に応じて少年に心理検査をしたり，学校での様子について学校照会したりするなどによって調査を進めます。

　家庭裁判所は審判を行うため必要があるときは，観護の措置をとることができます。観護の措置とは，実務的には少年鑑別所送致を指します。少年鑑別所は，送致された少年の身柄を保全し，その心身の鑑別（アセスメント）を行います。収容期間は，通常4週間で，最長8週間です。在宅のまま，つまり社会の中で暮らしながら，家庭裁判所に赴いて調査官の社会調査を受ける少年もいます。

　家庭裁判所の調査段階では，調査官が，担当する少年や保護者等に対して教育的・保護的な働きかけを行います。これを「保護的措置」といいます。例としては，少年や保護者等へのカウンセリング的な面接や問題点に対する助言等のほか，社会奉仕活動や親子合宿等の参加型の措置もあります。

　家庭裁判所の社会調査や調査段階における以上のような措置は，非行の要因を科学的に解明し，少年にとって最適な処分の検討に資するために行われるものであり，大人の場合にはありません。

（3）家庭裁判所の主な終局決定

　調査官の社会調査と，観護措置となった場合は少年鑑別所の資質鑑別の結果を踏まえ，家庭裁判所は審判を開始するかどうかを決定します。終局決定の一つとして，まず，（a）審判不開始となる場合があります。審判を開始した場合の主な終局決定としては，（b）不

処分，(c) 児童相談所長等送致，(d) 検察官送致，(e) 保護処分の4種があります[4]。

審判不開始と不処分：審判不開始又は不処分の決定を受けた少年は，司法手続から解放されます。事案が軽微だったり要保護性が高くなかったりする事例に加え，調査段階における保護的措置によって要保護性が低減した場合が考えられます。

児童相談所長等送致：児童相談所長等送致は，家庭裁判所が児童福祉法上の措置が必要と判断した場合に決定されます。対象となるのは17歳以下の少年のみです。

検察官送致：検察官送致は犯罪少年のみを対象とします。調査の結果，本人が20歳以上であることが判明したときのほか，以下の場合に決定されます。

・死刑，懲役又は禁錮に当たる罪の事件について，調査又は審判の結果，その罪質及び情状に照らして刑事処分（刑罰）が相当と認めるとき

・犯行時16歳以上の少年が，故意の犯罪行為により被害者を死亡させた罪の事件については，原則として検察官送致

・2021年法改正による特定少年に対する特例として，特定少年のとき犯した死刑，無期又は短期（法定刑の下限）1年以上の懲役・禁錮に当たる罪の事件については，原則として検察官送致

検察官は，家庭裁判所から送致を受けた事件（本人が20歳以上であることを理由とする事件を除く）について，起訴するに足りる犯罪

＊4　終局決定の前に，調査官の試験観察に付される場合があります。

の嫌疑がある場合は，原則として起訴しなければなりません。

　なお，1923（大正12）年1月施行の旧少年法では，検察官が起訴するかどうかを先に決定していましたので，刑事処分優先でしたが，現行少年法では家庭裁判所が先に調査や審判をした上で，検察官送致があり得る，つまり保護処分優先が原則となっています。

保護処分：保護処分には，（a）保護観察，（b）児童自立支援施設又は児童養護施設送致（以下，児童自立支援施設等送致といいます），（c）少年院送致の3種があります。児童自立支援施設等送致は17歳以下の少年が，また少年院送致はおおむね12歳以上の少年が対象です。保護処分は，前述の要保護性の認定に基づいて，少年に対してのみ決定される保護・教育的な処分です。

　図2は，2020（令和2）年の家庭裁判所における一般保護事件[5]から過失運転致死傷等保護事件及び虞犯を除いた終局処理人員（総数2万3,835人）の処理区分別構成比を示したものです。図2にあるように，審判不開始と不処分が65%強を占め，保護処分は約30%で，そのうち保護観察が最も多く，刑事処分相当として検察官送致となった少年は0.4%です。[6]

＊5　一般保護事件とは，道路交通法違反及び自動車の保管場所の確保等に関する法律違反以外の事件です。

＊6　本章で取り上げるデータは，特に記載がない限り，『令和3年版犯罪白書』（法務省法務総合研究所，2022）によります。

図2　少年保護事件 終局処理人員の処理区分別構成比（2020年）
　　　（過失運転致死傷等保護事件及び虞犯を除く一般保護事件）

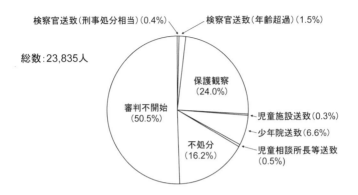

注1）司法統計年報による．
注2）「過失運転致死傷等保護事件」とは，過失運転致死傷等及び危険運転致死傷
　　　に係る少年保護事件である．
注3）「児童施設」は，児童自立支援施設及び児童養護施設をいう．

1.4　少年の保護観察の仕組み

1.4.1　保護観察の目的と対象となる少年

　保護観察とは，その対象となる人に通常の社会生活を送らせなが
ら，面接等により接触を保ち，一定の遵守すべき事項（遵守事項と
いいます）を守らせるなどの指導監督と，必要な支援（補導援護と
いいます）を行うことによって，再犯・再非行を防ぎ，その自立・
改善更生を助けるものです．

　保護観察所に来る少年のほとんどは，（a）保護観察処分少年（家
庭裁判所の決定により保護観察に付された少年），（b）少年院仮退

院者（少年院送致後，法務省の地方機関である地方更生保護委員会の決定により仮退院が許された少年）です。

　加えて，刑事処分による保護観察を受ける人として，(c) 仮釈放者（刑務所等の刑事施設から仮釈放を許された人），(d) 保護観察付執行猶予者（刑の執行を猶予され，その期間中保護観察に付された人）がいますが，少年に対する刑事処分の結果として (c) と (d) に該当する事例は限られています[*7]。これら4種の保護観察について，2021（令和3）年12月末日現在の全国の係属件数合計は2万4,644件であり，うち保護観察処分少年と少年院仮退院者は44.1%となっています（法務省，2022）。

　ちなみに，図2にあるように，家庭裁判所における終局処理人員のうち，保護観察は24.0%，少年院送致が6.6%ですから，保護観察所に来る少年は，非行のある少年の中でも要保護性が高い子どもたちと言えます[*8]。

1.4.2　保護処分による保護観察の期間と保護観察中の措置等

（1）保護処分による保護観察の期間

　保護処分による保護観察の期間は，表1に示す通りです。処分決

＊7　このほかに，売春防止法に基づく補導処分により婦人補導院に収容され仮退院が許された人も対象ですが，人数が極めて少なく，また，「困難な問題を抱える女性への支援に関する法律」により売春防止法の一部が改正され，2024（令和6）年4月1日をもって補導処分は廃止されることとなったため，同日以降，婦人補導院仮退院者は存在しないこととなります。
＊8　保護観察処分少年と少年院仮退院者の保護観察新規受理人員の総数の推移等は，資料編1に示しました。

表1　保護観察期間

保護観察の種類	決定時年齢	保護観察期間
保護観察処分少年	17歳以下	処分決定日から20歳に達するまで
	18歳以上	家裁の決定に応じ，処分決定日から6か月又は2年間[注]
少年院仮退院者	17歳以下	少年院仮退院日から20歳に達するまで
	18歳以上	少年院仮退院日から，家裁が少年院送致決定時に3年以下の範囲内で定める少年院収容期間終了日まで

（注）2年間の保護観察処分の言渡しを受けた特定少年が，後述する不良措置により少年院に収容された場合は，少年院収容期間分を除いた2年間となり，つまり，その分，期間満了日が後ろに伸びる。

定時の年齢が17歳以下か特定少年かによって異なります。

　なお，2021年法改正前は，保護観察処分少年のうち，処分決定時18歳以上の少年の保護観察期間は，決定日から2年間です。また，少年院仮退院者は，年齢を問わず，仮退院の日から20歳に達するまでです。[*9]

(2) 保護観察中の措置と終了事由

　少年の保護観察については，生活が安定し保護観察を継続する必要がないと認められた場合，法定の期間の満了前に保護観察が終了することがあります。保護観察処分少年は保護観察の「解除」，少年院仮退院者は「退院」という措置によるもので，「良好措置」と

＊9　少年院法の規定により，少年院在院中に収容継続の決定があった場合は，最長で23歳まで（さらに，精神に著しい障害がある人については，最長で26歳まで）の期間の残期間となるなどの例外があります。なお，2021年法改正により，特定少年で少年院送致決定を受けた人には，収容継続はできません。

呼ばれます。[10]

　他方，少年の生活が不安定で遵守事項を遵守しないなどの状況がある場合は，「不良措置」という措置がなされることがあります。保護処分決定時に17歳以下か特定少年かによって細かい規定が異なりますが，主たるものとして，(a) 保護観察処分少年については，保護観察所長が家庭裁判所に対し，児童自立支援施設等又は少年院送致の決定を申請し，(b) 少年院仮退院者については，地方更生保護委員会が，保護観察所長の申出により，少年院収容の申請を家庭裁判所に行うなどがあります。[11]

　ただし，特定少年で6か月の保護観察を受けている場合は，少年院収容となる不良措置はありません。また，処分決定時に17歳以下の保護観察処分少年に新たに虞犯事由があると認めるときに，保護観察所長が家庭裁判所に通告する措置もあります。[12]

　図3は，2020（令和2）年における保護観察処分少年と少年院仮退院者の終了事由別構成比を示したものです。保護観察処分少年の場合は，73.4％と多くの事例が良好措置である保護観察解除決定により終了しています。一方，13.1％は，再非行等で新たな処分を受けたことなどにより，前の保護処分が取り消される「保護処分の取消し」となっています。少年院仮退院者は保護観察期間がより短いためもあって，期間満了で終了する割合が多く，また，良好措置であ

＊10　保護観察期間が早期に終了する措置は，刑事処分により保護観察を受ける仮釈放者と保護観察付執行猶予者にはありません。

＊11　不良措置については，第5章でより詳しく述べます。

＊12　2021年法改正前は，保護観察処分決定時18歳以上の少年も虞犯通告の対象となります。

図3　少年の保護観察終了人員の終了事由別構成比（2020年）

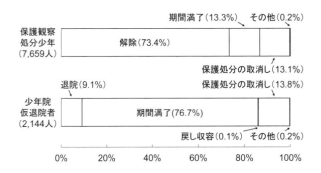

注1）保護統計年報による.
注2）保護観察処分少年は，交通短期保護観察処分少年を除く.
注3）「保護処分の取消し」は，保護観察開始前の非行・犯罪によって，競合する新たな
　　　処分を受けたことにより，前の保護処分が取り消される場合等を含む.
注4）「その他」は死亡等である.

る退院決定を受けた人は9.1%でした。不良措置がなされた事例は，
保護観察処分少年と少年院仮退院者ともに数名と，極めて少数でし
た。

（3）保護観察の実施体制等

　保護観察所は法務省の地方機関で，全国の都道府県庁の所在地を
中心に50か所（北海道は4か所）設置されています。保護観察の実施は，
通常は，常勤の国家公務員で，医学，心理学，教育学，社会学その
他の更生保護に関する専門的知識に基づいて職務を遂行する保護観
察官と，民間篤志家（ボランティア）で非常勤の国家公務員であり，

地域の事情に精通した保護司との協働態勢で行われます。

　保護観察官は，ある特定の地区を担当するのが通例で，その担当地区に住む保護観察中の人を全員担当します。また，刑事施設や少年院に収容中で，担当地区に帰住を希望する人について，社会復帰のための生活環境の調整等も行っています。そして，それぞれのケースに担当保護司（2021［令和3］年1月1日現在，全国で約4万6,000人）がつきます。[*13]

　現場の第一線で保護観察等の業務に従事する保護観察官（管理職を除く）は，全国で約900人（2021［令和3］年度）です（法務省，2021）。前述のように，2021（令和3）年12月末日現在の保護観察係属件数は2万4,644件で，同日現在の生活環境の調整事件は3万8,321件ですので（法務省，2022），単純に割れば，保護観察官一人あたり70件程度を担当している計算になります。これは，保護観察官が一人ひとりに常時丁寧に関与できる範囲を超えています。

　さらに，保護観察官は，性犯罪や規制薬物の使用により保護観察を受けている人等を対象にした専門的処遇プログラム等，種々の処遇を実施しています。また，保護観察中の人の状況によって，様々な対応を行うこともあります。たとえば，居所や就職先が見つからなかったり，金銭に乏しく当面の生活に困っていたりする場合に相談にのり，その人が利用することが必要な医療・保健・福祉サービス等があるときは，関係者と協議をして，適切な支援を受けられるよう援助します。

　このような保護観察官の業務量に加え，保護観察中の人の居所と

＊13　複数の保護司が担当する場合もあります。

保護観察所の交通アクセスが悪く，保護観察官が定期的かつ継続的に接触することが困難な場合等もあります。そうした事情もあって，保護観察中の人の居所の近くに住む保護司は，保護観察実施上，大きな役割を果たしています。しかも，保護司は，多くの場合，担当する保護観察中の人と保護司宅で面接をします。この点は，諸外国の司法関係者に話すと，大変驚かれることの一つです。

　保護観察官は，保護観察開始当初に，保護観察に付された人に面接し，保護観察を受ける動機づけが高まるような働きかけをするとともに，見立て（アセスメント）をし，保護観察の実施計画を立てます。そして，保護司がその計画に基づいて，日常的な接触を保ち，必要な助言・指導を行います。保護観察官と保護司は常日頃，保護観察の実施について相談し合い，処遇を進めていきます。必要に応じて，保護観察官が保護観察中の人と面接をしたり，危機介入したり，良好措置や不良措置の検討や用意を行ったりします。

　場合によって，保護観察官が保護司を介さずにケースを直接担当することもあります。ちなみに，私は，この直接担当のケースを常にもつように心がけていました。直接的・継続的に関与しなければ，少年のこころの動きを理解しようとすることは難しいと考えていたためでもあります。

第2章

少年の一見攻撃的な言動の含意をめぐって
──保護観察の初回面接を中心に

2.1　はじめに

　大学で少年非行の講義をしていると，必ず聞かれる質問がいくつかあります。その一つが，「非行のある少年と直接会う仕事をしていたときに，危険な目にあったことはないか」というものです。「危険な目」とはどういうことを指すのかと反対に尋ねてみると，「暴れるとか，殴られるとか」といった答えが返ってきます。「非行のある少年は人に攻撃的なのだろうから，対応するのが大変なのではないか」という質問も少なくありません。

　非行のある要保護性の高い少年の心理的一般的特徴として，非行心理の先行研究では，かねてから，(a) 対人不信感の強さ，特に大人や権力に対する不信感の強さ，(b) 治療への動機づけの乏しさ，(c) 欲求阻止耐性の乏しさ，行動化のしやすさが指摘されてきました（羽間，2015）。確かに，保護観察所に来る少年の多くは，大人に対する不信感が強く，自ら援助を求めることは少なく，大人をある程度

信頼するようになるまでには時間がかかります。

　しかし，大人がぞんざいな対応をしたり，一方的に高圧的な態度をとったりするのでなければ，つまり普通に接していれば，それ以上の行動をとるわけではありません。これは，非行のある少年に限らず，どんな人でも同じだと思います。そして，私は保護観察中の少年とのかかわりの中で，上述のような「危険な目」にあった経験はありません。また，どのような態度やことばを攻撃的と判断するかは状況によるでしょうし，私自身はそういう視点から少年の言動をとらえたことがほとんどありません。

　とはいえ，割合として多くはないのですが，面接場面で「一見攻撃的な言動」をとる少年はいます。ここでいう一見攻撃的な言動とは，受けとりようによっては乱暴なことばや態度で，相手との交流の断絶を招きかねないものと解していただければと思います。

　これから，いくつかの事例を通して，少年の一見攻撃的な言動に含まれる意味を考えていきます。なお，ここで取り上げる場面は，保護観察の初回面接です。初回面接を取り上げるのは，一つには，どの事例であっても保護観察官が必ず行う面接だということがあります。と同時に，あるいはそれ以上に，Bruch（1974）や土居（1992）をはじめカウンセリング・精神療法の先達らが指摘するように初回面接は重要で，「今後いろいろ問題になるようなテーマが断片的ではありますけれど，ほとんど総ざらいのようにでてくる」（佐治，2006, p. 60）ものであり，最初の接触の重要性は保護観察においても同じだと考えられるからです。

2.2 Aさんのこと

2.2.1 Aさんとの初回面接

　Aさんは，私が新人の保護観察官だったときに担当した少年（15歳，男子，高校1年生）です。Aさんは，中学校時代に同級生に暴行を加えて怪我をさせ，さらに，バイクの無免許運転をして補導され，家庭裁判所の在宅調査を経て，保護観察処分の決定を受けました。

　中学校時代のAさんは，同級生や教師に暴力を振るうこともあり，学校内外の不良交友関係も広かったとのことです。Aさんに対して保護観察処分の言渡しがなされたのは，事件から半年くらい経った頃でした。

　家庭裁判所で少年が保護観察処分の決定を受けたとき，多くの場合，その日のうちに，保護者同伴で保護観察所に来てもらい，初回面接を行います。初回面接では，保護観察処遇上必要となる事柄を少年や保護者に聞くとともに，保護観察の説明を行い，特別遵守事項や生活行動指針[*1]を設定し，担当保護司を指名するなどの手続を行います。ただし，Aさんの場合は，保護観察処分の決定があった日に私は出張中で面接ができず，日を改めて来所してもらうことになりました。両親は二人とも仕事が多忙で保護観察所には同伴でき

[*1]　遵守事項とは，違反すると不良措置（第5章で詳述）となる可能性のあるものであり，保護観察中の人が全員守らなければならない法定の一般遵守事項と，一人ひとりの問題性に合わせて設定される特別遵守事項があります。また，保護観察所長は，改善更生に必要な生活行動指針を個々に設定することができます（これは，違反しても不良措置にはつながりません）。

ず，Ａさんは一人で来所する予定となっていました。

　約束した日，約束した時間に，Ａさんは一人で来所しました。面接で，Ａさんは私の話を聞いてはいるし，質問にも一応答えてはくれますが，返答は短く不機嫌な様子で，何かに怒っているように見えました。

　こういうとき，面接者としてまず考えるのは，面接中の自分の対応に，何らかの落ち度がなかったかということです。そこで，私は内心色々と考えてみました。しかし，どんなに考えても，自分の対応の落ち度を見つけられません。保護観察処分の決定日に面接ができなかったことに，Ａさんが不満を感じているのかとも考えましたが，そうではないようです。

　一瞬，〈Ａさんという人は，いつもこんな感じなのかしら〉とも思いましたが，そのように判断するには根拠が乏しいですし，Ａさんは，どうも私に対して怒っているとしか思えません。

　そこで，私は「Ａさん，今話していて，何かあなたが私のことを怒っている気がするのだけれど，よかったらわけを教えてくれないかな」と尋ねてみました。すると，しばらくの沈黙の後にＡさんが厳しい口調で発したのは，次のことばでした。

　「5分遅れた」

　これを聞いて，私はハッとしました。そして，Ａさんが不機嫌そうにしていた理由を了解しました。というのは，Ａさんとの面接の約束時間の前に電話がかかってきており，私はその対応に手をとられ，面接の開始が5分遅くなっていたからです。しかも，私は，遅くなったことについて話題にせずに，面接に入ってしまっていまし

た。このような私の対応は，社会的に礼を失しています。Aさんが怒るのも当然です。

　それに加えて，Aさんの「5分遅れた」ということばから，私は〈Aさんは，今日の約束時間に遅れないようにと準備をして来た可能性が高いのではないか。だとしたら，これまでAさんがどんな非行をしていたとしても，今のAさんはきちんと保護観察を受けようと思っているのではないだろうか〉と考えました。

　そこで，5分遅れたことについて，Aさんに「申し訳なかった」と謝罪し，遅れた理由を簡潔に説明し，その上で，「あなたは，時間に遅れないようにと思って色々用意して来たんだね。学校からここまでならどれくらいかかるかとか，計算して来たのかな」と聞いてみました。すると，Aさんは頷いたのでした。

　このやりとりの後も，Aさんのことば遣いはあまり愛想のないものでしたが，不機嫌で怒っているような態度は消えました。ここで，私は，約束の履行には厳しくても，履行したときはそれをしっかりと褒めるなど態度の一貫した保護司を，Aさんの担当者として指名しました。

　その後，Aさんは保護司との約束を破ることは一度もなく，再非行を起こすこともなく，保護観察は法定の期間の満了前に解除となりました。

2.2.2　Aさんの言動の含意をめぐって

　初回面接における，Aさんの不機嫌で怒っているような態度は，人によって，攻撃的と判断されることもあり得ると思います。しか

し，単にそのように判断したり，あるいは，その態度の意味に注意を払わず，面接で話題にしなかったりしたとしたら，Ａさんが何に反応していたのかもわかりませんし，それ以上に，今後の生活に対するＡさんの前向きな思いは，表面に出てこなかったと考えられます。その場合，保護観察処遇も，これほど円滑には進まなかったのではないかと思われます。

　自分の気持ちをうまくことばにしてストレートに相手に表現しない（あるいは，できないという可能性もあります）という点で，Ａさんの対人関係スキルの問題はあると言えます。それと同時に，Ａさんの態度に，自分の思いを〈汲んでほしい〉〈発見してほしい〉というような希望（本人は無意識だと想定されます）の存在を見るのは，深読みではないと私は思います。なぜならば，他者に何の期待も有していなかったとしたら，私が怒りの理由を尋ねたとしても，Ａさんは答えなかったと思われるからです。さらに，「あなたは，時間に遅れないようにと思って色々用意して来たんだね。学校からここまでならどれくらいかかるかとか，計算して来たのかな」という私のことばを受けとって，Ａさんが頷くことはなかったと考えられるからです。

　そして，この面接の後，保護観察処遇において，私は自らの約束の履行を意識して行うようになりました。

2.3 Bさんのこと

2.3.1 Bさんとの初回面接

　Bさんは，グループで暴行や傷害事件を数件起こし，少年鑑別所収容を経て，保護観察処分の決定を受けた少年（16歳，男子，高校2年生）です。

　両親の話によると，Bさんはやさしいところがあるとのことでした。ただし，関係機関からは，Bさんが，対人関係において裏切られたり拒否されたりする体験を何度もしてきているとの情報があり，強い対人不信感があるのではないかと思われました。

　保護観察処分の言渡しを受けた日に，Bさんは保護観察所に来所しました。初回面接には両親が同席しました。面接に入る前にBさんに記入してもらった書類には，保護観察処分の決定について，「保護観察でよかった」と書いてあります。しかし，そのわりに，面接中のBさんはとてもイライラ，カリカリしており，また，かなり貧乏ゆすりをしています。私の説明や質問に対しても，「ハイ」「イヤ」「ハイ？」と短く乱暴に言うくらいで，ことばのやりとりが続きません。

　私は，Aさんの場合と同様に，Bさんとの面接の前や面接中の自分の対応にまずい点がなかったかを考えてみましたが，全く心当たりがありませんでした。そもそも，Aさんとは異なり，Bさんのイライラやカリカリは，私に向けられたものという感じがしません。両親に尋ねてみると，ここ数年のBさんは，いつもこのような態度

だと言います。〈これが最近のBさんのいつもの状態ならば〉と思い、私はBさんのイライラに反応せず、話題にせずに、淡々と面接を進めました。

2.3.2　Bさんの言動の含意をめぐって

　一般にイライラは伝播しやすく、反応すると悪循環に陥りますが、Bさんのイライラは、他者をイライラさせるという点からすると、相当高いレベルにありました。また、Bさんの一見乱暴なものの言い方は、相手から叱責等の反応が返ってきたり、距離をとられたりする可能性もあります。いずれにしても、穏やかな関係は生じにくいと考えられます。

　しかしここで、Bさんが裏切られたり拒否されたりする体験をすることが少なくなかったという、関係機関からの情報を踏まえると、Bさんの態度は、それ以上傷つかないために身につけた術（防衛）かもしれないとの理解が可能です。だとすれば、Bさんのそのような態度について、面接で性急に問題にすることは、防衛を剥ぎ取ったり、あるいはそれを強化させたりする危険性をはらみます。また、Bさんの態度が防衛の現れであるならば、その裏に、防衛しなければならないような、他者への期待や希望が存在する可能性があると考えられます。

　対人不信感の強い少年の場合、少年が少しずつ不信感（防衛）を緩めていけるような関係を、どのように作っていけるかを検討するほうが大切だ、と私は思います。

2.3.3　再びBさんとの初回面接とその後

　さて，淡々と面接を進めていくにつれ，Bさんの「ハイ」「イヤ」「ハイ？」などの返答は，私のことばに応じて使い分けられていること，つまり，Bさんなりに，私のことばをよく聞いて観察しているらしいことがわかってきました。表面の態度とは違って，敏感な人なのだなと思えました。そこで私は，Bさんの表面的な態度に反応しないであろう，温厚で安定感のある保護司に担当を依頼することとしました。

　初回面接は，担当保護司を指名したところで終了するのが通常です。私は〈このまま，やりとりをした感じがあまりもてないまま面接が終わるのかな。それも仕方がないか〉と思っていました。

　私は，Bさんに，保護司の住所と電話番号を教え，電話をして面接日を決めるよう伝えました。そのとき，Bさんは次のように言ったのです。

　「こいつに電話すりゃいいんすね」

　どんなにイライラ，カリカリした態度であっても，それを問題にしようとは思わなかった私でしたが，Bさんの「こいつ」ということばだけは，放っておけないと思いました。まだ会ってもいない人を「こいつ」と呼ぶのはどうかと思ったことと，そもそも，私自身がその保護司を信頼しており，その人を「こいつ」と呼ぶのは許しがたいという思いがあったからです。ただし，その自分の思いを伝えたとき，Bさんがどのような反応をするのかは予想がつきません。しかし，言うべきことは言わなければなりません。

　そこで，私はBさんの目を見据えて静かに言いました。

「『こいつ』ではありません。『保護司さん』です。」

　私のこのことばを聞いて、Bさんの貧乏ゆすりが止まりました。そして、Bさんはニヤっとしたのでした。このとき、私は内心で〈通じた！〉と思ってうれしくなり、思わずニヤッとしました。すぐに、私もBさんも、お互いにきまりが悪くなりました。即座に、二人とも何事もなかったかのように表情を戻し、事務的なやりとりをして面接を終了しました。

　ここで、〈通じた！〉という私の思いをもう少し詳しく述べるならば、私には譲れないほど大切にしているものがあり、それは信頼している人との関係であることを、Bさんが瞬時に了解したように感じたということであり、つまり、それを了解できるBさんにもまた、信頼できる人との関係を大切にしたい思いがあると考えられたということです。

　さて、この仮説的理解は妥当なものだったのでしょうか。

　Bさんと保護司の相性は良く、Bさんは次第に、保護司を信頼するようになっていきました。そして、時間はかかったものの、Bさんは、保護司や私との面接で、少しずつ自分のことを語り始めました。Bさんの話の主要なテーマは、求めても拒否されたり、信頼していた人から裏切られたりしたという、過去の体験にまつわる悲しみややりきれなさであり、さらに、自分が非行の世界から離れていくことに伴う、「今まで信頼してきた仲間たち」（本人談）との別れ難さでした。Bさんから語られた話や、保護司からの報告を聞くにつれ、初回面接での私の仮説的理解は、それほど間違ってはいないと思われました。

その後のBさんの生活には様々な困難がありましたが，Bさんは，保護司や，ときに私に相談することを通してそれらを乗り越え，次第に安定した生活を送るようになっていきました。

2.4　Cさんのこと

2.4.1　Cさんとの初回面接

　Cさんは，中学校時代から非行があり，家庭裁判所にも何回か係属したことがある少年（17歳，男子，有職）です。私が担当保護観察官となったのは，Cさんが傷害事件により保護観察処分を受け，その期間中に無免許運転等の再非行をして補導され，少年鑑別所に収容されているときでした。

　Cさんと両親の関係はあまり良くないらしく，また，周囲の大人からは「大人に対してかなり拒否的で，かかわりの難しい少年」との指摘がなされていました。Cさんについて，保護司も「あまり会おうとしないし，会っても自分から話をしようとしない」と述べていました。

　家庭裁判所の審判で，Cさんは再度の保護観察処分の決定を受けました。その日のうちに，Cさんは，母親と保護観察所に来所しました。新たな保護観察における初回面接であり，私との初めての顔合わせです。

　面接でのCさんは，表面上は礼儀正しい対応をしていました。しかし，ことばは少ないですし，態度は実にそっけないものでした。いわゆる「取りつく島がない」という感じです。私は〈確かに「か

かわりの難しい少年」みたいだなあ〉と思っていました。

　そのとき母親が，心配なこととして，「この子は情緒が不安定で」と話し出しました。すると，それまで変化が乏しかったCさんの顔が急に大きく歪み，うんざりとした表情になりました。私は，何気なく，「あなたは情緒が不安定なんですか」と尋ねました。Cさんはうんざりとした表情のまま，切り捨てるような口調で，次のように言いました。

　「何言ってんのかわかんないんすけど」

　Cさんのこのことばを聞いて，私は〈そりゃ，そうだな〉と思いました。言われてみれば，「情緒が不安定」という表現は，日常生活ではあまり使用しないものだからです。

　そこで，私は「ああ，悪い，悪い。要するに，今楽しかったかと思うと，急に不機嫌になったりとか，そういうことなんだけど」と言い直しました。すると，Cさんのうんざりした表情が少し和らいだのです。そして，Cさんは「ああ，それはある」と答えました。

　私はこのことばを聞いて驚きました。「大人に対してかなり拒否的」というこれまでの指摘とは異なり，Cさんは，私が言い直したことばを拒否しなかっただけでなく，受けとり，応答したからです。

　私の頭の中に〈もしかしたら〉という思いがよぎりました。そこで，次のように尋ねてみることにしました。「もしかして，あなたからすると，何言ってんのかわかんないってこと，言われたり聞かれたりすること結構あったかな」

　Cさんは，この私のことばにも応じ，「いつもそうなんすけど」と述べました。さらに，Cさんは，私の質問に答えて，これまで多

くの大人が，Cさんにはわからないことばで話したり質問をしてきたりしたという，重要な事柄を語り出したのです。

2.4.2　Cさんの言動の含意をめぐって

　Cさんがうんざりした表情で，切り捨てるように言った，「何言ってんのかわかんないんすけど」ということばは，一見攻撃的なものと言うことができます。しかし，このことばが発せられたいきさつを考えてみると，Cさんの発言の内容はもっともなものです。それだけでなく，Cさんに伝わるようにと言い直した私のことばを拒否しなかったことからもわかるように，このことばの中には，「わかるように言ってくれ」という希望が含まれていると理解できると思います。

　そうはいっても，やはりCさんの言動は攻撃的であり，その含意は，実際にはなかなか理解されにくいだろうと思われました。つまり，Cさんの言動の中には「わかるように言ってくれ」という希望と同時に，そしてそれ以上に，その希望が相手に伝わることへの強いあきらめが含まれていると考えられました。その意味では，「かかわりの難しい少年」という指摘は正しいと言えるのです。

　さて，その後も，Cさんと保護司の関係には，大きな変化はありませんでした。しばらく様子を見た後に，私はCさんと直接，定期的に会うことにしました。

　Cさんは，保護観察所には必ず来所しました。私は，面接で普通のことばを使い，聞きたい事柄があったら何でもストレートに尋ねるようにしました。そのような私の言動を，Cさんは拒否しません

でしたし，Cさんは，私以外にも，直接かかわろうとする大人は受け入れました。しかし，Cさんが自ら大人に接近する動きをとることは，ほとんどありませんでした。それほどまでに，つまり期待や希望の多くを切り捨てないとやってこられなかったほどに，Cさんが生きてきた環境[*2]は厳しいものだったようです。

　なお，非行という点では大きな問題は生じず，Cさんに対する保護観察は期間満了となりました。

2.5　Dさんのこと

2.5.1　Dさんとの初回面接

　Dさんは，窃盗事件により補導され，家庭裁判所の在宅調査を経て，保護観察処分の決定を受けた中学生（14歳，男子）です。担任教師からは，Dさんは教師の指導に反発することが多く，両親も対応に困っているという話がありました。

　保護観察処分の言渡しを受けた数日後に，Dさんは母親とともに保護観察所に来所しました。私は早速，二人に面接室に入ってもらいました。しかし，Dさんは突っ張った態度で，また，私と目を合わせようとしません。私は〈何かあったのかしら。それとも，Dさんは大人にはこういう態度をすることが多いのかしら〉などと思ったのですが，まずは簡単に保護観察の説明を行ってみました。しか

---

*2　本章で使用している「環境」ということばが指し示しているのは，家庭環境に限ったものではありません。子どもを取り巻く環境には，学校や地域をはじめ様々なものがあるからです。

し，Ｄさんからの反応はありません。

　そんなＤさんに対して，母親は「ちゃんと聞きなさい」とやさしくたしなめましたが，Ｄさんは母親にも全く反応しません。

　何がＤさんの「反応しない」という態度をもたらしているのか，私にはまだわかりませんでした。ただし，Ｄさんが私や母親のことばを聞いていないわけではないということはわかりました。

　もう少し様子を見ることにして，私は，面接の前にＤさんが記入した書類に基づいて，質問を始めました。このとき私がした質問は大した内容のものではなかったのですが，Ｄさんは答えません。母親がＤさんを再度たしなめましたが，Ｄさんは黙ったままです。私はもう一度，Ｄさんへの質問を繰り返してみました。

　しばらくの沈黙の後，Ｄさんは「答えない」と言いました。

　母親は困惑した表情をして，「あんたはいつもそうなんだから」と嘆息しました。私は内心〈そうか，こういう言動は，Ｄさんの「いつも」なのだな〉と思いつつ，「『答えない』かあ」と口にしてみました。すると，Ｄさんは「言わない」と言いました。

　私は「『言わない』かあ，『答えない』かあ，困ったなあ」と呟きました。そして，「これも『答えない』かな」と述べて，他の質問をしてみました。Ｄさんは，短く，「答えない」と言いました。

　ここまできて，私の中には，Ｄさんと何かしらのコミュニケーションをもてそうだという実感が沸いてきました。Ｄさんの態度は，あくまでも「回答拒否」なのですが，当初の全く反応がなかった状態に比べると，それでも「言わない」「答えない」ということばで，私とコミュニケーションを始める動きが見えたからです。

Dさんとのコミュニケーションがどう広がっていくかと思いながら，私が30分くらい「困ったなあ」などと繰り返していたところ，Dさんは私の顔を初めて見ました。そして，次のように言ったのです。

　「少しくらいなら話してあげてもいいけどさあ」

　私は「それはありがたい。じゃあ，少しくらいでいいから話して」と応じました。Dさんは，ぶっきらぼうながら，私の質問に少しずつ答え始めました。

　最後に，私は，Dさんの担当者として，気の長い，面倒見の良い保護司を指名し，面接を終了しました。

2.5.2　Dさんの言動の含意をめぐって

　Dさんの当初の回答拒否の言動は，Dさんにとっては，相手の反応を確かめる意味をもつのであろうと思われます。私とのやりとりが示すように，Dさんは，他者との交流を全く拒否しているわけではないからです。しかし，Dさんの言動は，相手から叱責等の否定的な反応が返ってくる可能性が極めて高いものであり，そうなったとき，Dさんが相手に反発し，交流は断絶しかねません。

　Dさんの言動にも，Cさんと同様に，相当にアンビバレントな含意があると思われました。また，まさに思春期の只中にいるであろうDさんの場合，大人への拒否感は特に強かったとも考えられます。

　その後のDさんは，保護司や私の手をかなり焼かせました。Dさんは，他者の拒否的な態度にあうとすぐに攻撃的になってしまい，生活の上で対人関係のトラブルが絶えなかったからです。しかし，保護司はつかず離れずの距離を保ち，Dさんが窮地に陥ると必ず手

を差し伸べました。

あるとき，保護司は次のように述べました。

「Dさんは強がるけれども，時々怯えたみたいな目をする。正直なところ，困った子だと思うことはあるけれど，放ってはおけない」

確かに，保護観察の過程で少しずつ明らかになったのは，Dさんを取り巻いてきた環境も厳しいものであり，Dさんは傷つきの多い子どもだったということです。

そして，Dさんの生活が落ち着きを見せるまでには，長い時間が必要でした。

2.6　本4事例における一見攻撃的な言動の含意を踏まえて

以上，四つの事例を通して，少年の一見攻撃的な言動の含意について考えてきました。Aさんの場合は，まさに面接者である私自身に向けられた怒りを含んだ言動でしたが，他の三人の言動は，面接者個人に対する感情からくるものではありません。むしろ，少年がこれまで体験してきた複数の大人のイメージが，面接室に持ち込まれていると考えるほうが妥当だと思われます。これは，Freud（1895）が発見し，Freud（1905a）において定義した「転移」と呼ばれる現象としての理解です。

Bさん，Cさん，Dさんに限らず，保護観察所に来るような少年は，不安定な環境の中で生きてきていることが多く，そのためもあって，人（特に大人）に対しては否定的なイメージが先行しやすいと考えられます。加えて，保護観察は不利益処分ですから，否定的な感情

がさらに前面に出やすいと解されます。

　なお，Freudが言う転移の強調点は，過去の人間関係の再現にありますが（Freud, 1940），一方で，Freud（1912a）が述べているように，過去に不足していた，あるいはなかったものが転移されることも忘れてはなりません（関連して，伊藤［2001］，Laplanche et Plontalis［1967］も参照）。つまり，人との関係で否定的な体験が多かった人が，これまで不足していたものを求める希望をどこかで抱き，それを面接者に向けていていることがあり得るのです。

　実際，すでに検討したように，Aさんら四人の一見攻撃的な言動の中には，希望が含まれていると考えられますし，希望を示すメッセージを少年は発しています。とはいえ，否定的だったり攻撃的に見えたりする言動の中に希望を見出すことは，かなり困難な仕事です。

　本4事例の少年がとったような言動を通常の社会場面で目にしたら，否定的な感情を抱く人は少なくないと思います。しかし，保護観察の処遇を担当する者には，処遇の場面で以上のような現象が起きやすいことを念頭に置き，現実を冷静に把握する厳しい目と同時に，少年の中にあるかもしれない希望を見出そうとする姿勢が求められます。なぜならば，希望のないところでは，人への援助的関与は成り立たないからです。

第3章
非行のある少年は
「治療への動機づけが乏しい」のだろうか

3.1　はじめに

　第2章で述べたように，非行のある要保護性の高い少年の心理的一般的特徴として，対人不信感（特に大人や権力への不信感）の強さ，欲求阻止耐性の乏しさなどとともに，治療への動機づけの乏しさが指摘されてきています。このような少年の場合，たとえば，家庭裁判所で保護観察処分の決定を受けたとしても，その時点で自分に問題があるとして，他者の援助を得つつそれを何とかしていこうとするような積極的な態度を見せることは，あまりありません。その意味で，確かに，非行のある要保護性の高い少年の治療への動機づけは乏しいと言えます。

　そして，治療への動機づけが乏しく，対人不信感の強い少年とどのように信頼関係を形成していくかが，これまで，保護観察等の処遇の課題の一つとして検討されてきました。換言すれば，少年の治療への動機づけの乏しさは，問題とされてきたわけです。

　しかし，改めて考えてみると，こうした意味での治療への動機づ

けの乏しさは，当然のこととととらえることができます。なぜならば，保護観察等の保護処分は，当の少年からすれば，自分の意思とは関係のないところで選択されるものだからです。それは，反社会的な行動をした自分への処分であって，少年にとっては強制的な決定です。その事実を踏まえれば，非行のある要保護性の高い少年の治療への動機づけの乏しさは，ごく当然のことと理解し得るのです。

　ただし，ここで述べたいのは，保護処分を受けても少年は反省をしていないとか，悩んでいないというようなことではありません。処分ではない別の何かを選択すべきだという話でもありません。単に，上記の意味での少年の治療への動機づけの乏しさは，当然ととらえられるということです。

　とはいえ，それがすなわち，少年は他者に援助を求める欲求が乏しいということを意味するわけではない，と大人——特に少年司法領域で処遇に携わる者——は意識しておく必要があります。少年の中に，第2章で検討した希望や，さらに，援助を求める欲求（以下，求援助欲求といいます）があるかないかは，上記の意味での治療への動機づけの乏しさとはまた別の次元で，丁寧に検討していかなければならない課題です。

　本章では，Eさんという少年の事例をもとに，この課題について考えていきます。

3.2 Eさんのこと

3.2.1 Eさんとの初回面接

Eさんは、虞犯で補導され、少年鑑別所収容を経て、保護観察処分の決定を受けた少年（17歳、女子、無職）です。中学校卒業まで目立った問題行動は見られませんでしたが、高校を中退した前後から生活が乱れ、Eさんは、家出、深夜徘徊や不良交友等を繰り返していました。

両親は生活上の事柄に精一杯で、Eさんに十分に目をかける余裕がなかったようでした。さらに、生活が乱れ始めてからのEさんは非常に反抗的で、両親はお手上げの状態だったといいます。また、Eさんについて、「大人に対してかなり攻撃的なことば遣いをする」という情報もありました。

保護観察処分の言渡しを受けた日に、Eさんは、母親と保護観察所に来所しました。私は自己紹介をし、初回面接の目的や予定時間等を伝えた上で、「保護観察ってどういうものだと聞いているかな」とEさんに尋ねました。

これに対して、Eさんは「3か月で終わるって聞いた」と即答しました。

Eさんの保護観察の期間は20歳に達するまでであり、3か月で終わることはあり得ません。私は〈家庭裁判所でそのような説明がされたわけはないだろうに、どこでそんなことを聞いたんだろう〉と思いながら、保護観察期間について説明を行いました。すると、Eさんは大きな声で叫んだのです。

「聞いてねえよ！」

　事前の情報にあった「大人に対してかなり攻撃的なことば遣いをする」とは〈こういうことかな〉と思いながら，私は「そう，きちんと聞いていないのね。それなら，もう一度説明しますね。期間は20歳になる誕生日の前の日までね」と伝えました。

　Eさんは，即座に「ふざけんじゃねえよ！」と言いました。

　私は，「ふざけてはいないよ。これは法律で決まっていることで，私が勝手に決めたことではありません」と答えました。

　Eさんは，その後も一人でしきりに文句を言っていましたが，結局は「あ，そ」と言って黙りました。

　保護観察の面接場面で，これほどハッキリと攻撃的な言動をとる少年はめずらしいと言えます。対人不信感が強いとされる少年でも，ここまで攻撃的なことばを発することはほとんどありません。

　加えて，Eさんの場合，相手を見て自分のことばを選択しているとは感じられず，私は〈Eさんはまるで捨て身だなあ〉と思っていました。Eさんの言動は，否定的な反応しか返ってこないものだと容易に想像がつくからです。そして，そのような言動をとるEさんは〈一体どういう人なんだろうか〉と私は考えました。

　次に，私は，Eさんが面接前に記入した書類に基づいて，簡単な質問を始めました。Eさんは，最初はある程度答えました。その様子を見て，私は〈確かにことばは乱暴だが，大人を完全に拒否するわけではないんだな〉と思っていました。

　すると，質問にそれなりに答えていたEさんが，私をキッとにらみ，再び叫んだのです。

「てめえ，知ってて聞いてんじゃねえだろうな！　裁判所から聞いてねえのかよ！　同じこと何度も聞くんじゃねえよ！」

　私は，内心〈来た，来た〉と思いました。Eさんとの面接がこのまま穏やかに進むとは，とうてい思えなかったからです。そして，次のように答えました。

　「裁判所から聞いていることは質問していません。聞いていないことや確認したいことだけを聞いています。今，あなたのこれまでの生活全部のことを質問していないでしょ。でも，同じこと何度も聞かれてるとしたら嫌になるね。ダブってるんだとしたら悪いね」

　Eさんは，一瞬びっくりした表情をしました。そして，「ああ，まあ」と言いました。

　その後もEさんは，面接中に何度か「ふざけんじゃねえ」「やってらんねえ」などと言っていました。しかし，声は次第に小さくなっていきましたし，また，私が「ふざけてないよ」「でも，あなたからすると『やってらんねえ』って気持ちになるんだろうね」などと答えると，黙り，それ以上激しいことばを口にしないようになりました。

　保護司の指名も終わり，予告していた面接の終了時間が近づいてきたとき，Eさんはぶっきらぼうな口調で，私に質問をしました。

　「あんた，名前，なんつーの」

　私は驚きました。なぜなら，一つには面接の最初で自己紹介をしていたからですが，やはり，Eさんは相手がどのような人かを見て，ことばを発していたのではないらしいと思われたからです。私が「最初に名乗ったけれども」と言うと，Eさんは「聞いてなかったんだ

よ」と答えました。私はもう一度，自分の名前を伝えました。

すると，Eさんは携帯電話を取り出し，私の名前と保護観察所の電話番号を登録したのです。そして，Eさんは「何かあったら，あんたに電話すりゃいいんだな」と言って，面接室から退室していきました。

〈自分は何とか生き残ったみたいだ〉[*1]と私は思っていました。

同席していた母親は，何も言いませんでした。言わなかったというよりも，金縛りのようになっていたという表現のほうが，実際の母親の姿に近いと思います。

3.2.2　Eさんのその後，そして「治療への動機づけ」をめぐって

Eさんがある程度の落ち着きを見せるまでには，本当に長い時間がかかりました。それは，Eさんが，自分の攻撃的な言動に対して否定的な反応をする他者との間で，トラブルを頻繁に起こしたからだけではありません。Eさんは，他者（大体の場合は大人）を攻撃する一方で，自分に少しでもやさしくしてくれる人をすぐに信じてしまい，相手の人柄を吟味しないままに過度に依存的になって，結果的に見捨てられるという体験を繰り返したからです。

依存できる誰かがそばにいるときには，Eさんは保護司との面接の約束を破ることが多く，連絡をとるのも結構困難な状態となっていました。しかし，トラブルが起こると，Eさんは，決まって保護

---

*1　「生き残る（survive）」とは，イギリスの小児科医で精神科医だったWinnicott（1965）のことばです。攻撃されても，報復せず，また，破壊もされずに生き残るということを意味します。

司や私のところにやってきて，パニックに近いような大騒ぎをするのでした。

　それらのトラブルの要因は相手側にもありましたが，Eさんの問題も小さくなかったですから，私は，正直なところ，〈参ってしまうなあ〉と思うことも少なくありませんでした。それでも，保護司と励まし合い，何とか，Eさんを見捨てずに関与し続ける姿勢の維持を目指そうとしました。

　保護観察官と保護司の二者が協働して実施する保護観察処遇の利点の一つは，まさにこの協働態勢にあります。二者で処遇しているからこそ，互いに支え合うことが可能になるのです。

　そして，Eさんの場合，何かがあったときに駆け込める場所が存在し続けたこと，さらには，その場所が，保護司や保護観察官という，Eさんをそれ以上傷つけない人のもとだったことは幸いだったと私は思います。

　気持ちや生活が少しずつ落ち着くようになった頃，Eさんから，昔から人に甘えたくて仕方がなかったが，人から攻撃されたり捨てられたりするのが怖くて，先制攻撃をかけずにいられなかったことなどが語られるようになりました。

　さて，Eさんには，はじめに述べたような治療への動機づけは乏しかったと言わざるを得ません。ただし，第2章で取り上げた少年と同様に，Eさんの中にも希望や求援助欲求があったととらえられます。求援助欲求がなかったなら，初回面接の最後に，Eさんが私の名前を携帯電話に登録したり，「何かあったら，あんたに電話すりゃいいんだな」と述べたりなどしなかったと考えられるからです。

一方，もしも，処遇を担当する者が，初回面接でのEさんの激しい言動に目を奪われるだけで，その求援助欲求を見出すことができなかったとしたら，Eさんが，糸の切れた凧のように，不良交友に代表されるような不健全な世界に行ってしまい，健全な世界に戻って来られなかった可能性は低くなかったのではないかと思います。

　ただし，保護観察官や保護司は甘えたいEさんの気持ちを，直接充足することはできません。保護観察官や保護司は，親でも友人でも恋人でもないからです。しかし，Eさんの事例に限らず，たとえ不健全な世界とのつながりが強い少年であっても，求援助欲求を見出せるならば，大人が，健全な世界の一人として，つながりを作っていくことは可能です。

　そのつながりは，最初は細い糸のようかもしれませんが，まず，つながりがあることが重要です。そして，非行のある要保護性の高い少年の処遇に携わる者として目指すのは，そのつながりを保ち続けることであり，さらに，健全な世界との糸が少しずつ太くなり，一方，不健全な世界とのつながりが少しずつ細くなって，いつか少年が健全な世界の住人になるよう支援することだ，と私は考えます。

第4章

保護観察における一貫した処遇（環境）設定が少年にもたらす意味をめぐって

4.1　はじめに

　非行のある少年に対する保護観察や少年院送致等の保護処分は，少年の健全な育成を期し，性格の矯正及び環境の調整を行う営みです。このうち「環境の調整」ということばからは，少年を取り巻く環境（たとえば，家庭や学校等）に直接コンタクトをとり，何らかの調整をすることが，まずイメージされやすいと思います。

　もちろん，保護観察実施上，このような調整の検討も大切ですが，最も調整しやすく，かつ着目すべきなのは，少年を取り巻く環境の中に新たに加わった保護観察官や保護司自身です。したがって，一人ひとりの少年に応じて，処遇を担当する者や処遇はどのようにあったらよいのかを考え，その実現を模索していくことは，非常に重要な作業となります。

　ところで，保護観察は，少年の意思と関係のないところで選択される，強制的な処分です。自然発生的で，その解消が個人の意思に委ねられている関係とは異なり，保護観察官や保護司との関係は，

少年からすれば強制的なものです。保護観察中の人は遵守事項を守ることを義務づけられます。また，数は少ないとはいえ，保護観察官の手によって身柄拘束され，家庭裁判所の審判等に委ねられる少年もいます。このように，保護観察は，他の臨床に比べ強力な枠組みを有しています。

　ここで検討すべき課題は，このような，少年からすれば強制的で枠組みの強い関係において処遇が成り立つのかという点ではなく，そのような関係だからこそ可能な処遇とはどのようなものかということです。これまでの保護観察の処遇論では，前者についての議論は散見されるのですが，なぜか，後者に関しては，ほとんど取り上げられてきていません。

　では，保護観察等の保護処分に含まれる強力な枠組みが果たす役割とは，どのようなものなのでしょうか。また，そのような強い枠組みの中において，処遇に携わる者に求められるありようや少年との関係とは，どのようなものなのでしょうか。

4.2　Fさんのこと

4.2.1　Fさんとの初回面接

　Fさんは，私が駆け出しの保護観察官だった頃に，保護観察処分の決定を受けた少年（16歳，女子，無職）です。Fさんが警察に補導されたきっかけは，友人ら数人と違法薬物を使用目的で所持していたことでしたが，違法薬物への依存はそれほど深刻ではなく，それよりもFさんの問題は，何度も繰り返された家出等の行動でした。

Fさんの父親は何年か前に急病で亡くなっており，Fさんは，母親との二人暮らしでした。父親と死別した後しばらくの間，Fさんと母親との関係には大きな問題はなかったようですが，Fさんが中学校3年生のとき，母親に恋人ができ，母親は家を空けることが多くなりました。その頃からFさんの行動は不安定になり，母親が不在のときに，深夜徘徊や家出を繰り返すようになっていったといいます。

　Fさんが警察に補導され，少年鑑別所に収容されている間に，母親は，一人ではFさんの監督に限界があるとして，自分の姉（つまり，Fさんの伯母）に援助を依頼しました。具体的には，母親は，Fさんを一週間のうち何日か伯母の家で過ごさせ，何日かは母親のもとで生活させて，生活が落ち着いていったら，少しずつ一緒に暮らす時間を増やしていくという計画を立てていました。

　保護観察処分の言渡しを受けた後，伯母を同伴して，Fさんと母親は保護観察所に来所しました。母親の家がある地区の担当保護観察官である私が，初回面接をすることとなりました。

　私は，まず，母子と面接を行いました。母親はそこでも，Fさんを伯母の家と自分の家を行ったり来たりさせるという計画を繰り返しました。そう話す母親の横で，Fさんは沈み込んだ顔をしています。私が，Fさんに「あなたはそれでいいのかな」と聞くと，Fさんは「仕方ない。私が悪いんだから」「お母さんは仕事もあるし，大変なのはわかってる」「できるだけ早く家で生活できるように頑張る」と，ことば少なに答えました。

　そのように答えるFさんの声はとても小さく，その他の会話をし

ていても，受身的な印象が強く残りました。私は，Fさんと話していて，気をつけていないと，Fさんがどこかにふっといなくなってしまうようなはかなさを感じていました。また，これまでのFさんの非行も，自分からというよりは，周りに誘われてという経緯のものばかりでした。

　一口に非行のある少年と言っても，全員が行動的だったり，攻撃的だったりするわけではありません。非行と認定される行動をとるという点では共通するものの，Fさんのように，エネルギーがそれほど高くなく，受身的な傾向の強い少年もいます。

　Fさんの母親が立てた計画を，私は良いものだとは思えませんでした。私は自分の懸念をやんわりと母親に伝えてみましたが，即座に「私一人では限界です」との返事が戻ってきました。

　ここで，私は伯母にも面接室に入ってもらいました。伯母はしっかりした印象の人で，Fさん親子の援助に前向きな姿勢を示していました。Fさんの場合，居住地が一定でないため，保護司の指名を保留し，しばらく保護観察官直接担当とすることとなりました。

　Fさんに感じたはかなさが気になり，私は保護観察処遇の構造を明確にしておいたほうがいいと考えました。そこで，Fさんに，2週間に1回定期的に保護観察所に来所するよう伝え（面接は1回1時間で，曜日と時間を固定)，何かがあったときの連絡の方法を打ち合わせ，そして，面接内容は，原則として，本人の了解がなければ他者に話さないなどの約束を意識して行いました。

4.2.2 その後の経過

　Ｆさんは，約束の日に必ず保護観察所に来所しました。自発的に話そうとする姿勢は乏しかったものの，私の質問に応じて，Ｆさんは少しずつ，母親への複雑な思いや二人の行き違いを具体的に語るようになりました。Ｆさんの話は母親のことばかりで，その関心は母親に集中していました。母親を求めるＦさんの思いの強さは，父親の急逝によって高まった見捨てられ不安や，寄る辺なさからきているようにも思われました。

　友人からは頻繁に遊びの誘いがあるそうで，Ｆさんは「遊びたいと思うけど」と言いながら，誘いに乗りたい自分を何とか抑えようと，本人なりの努力をしている様子でした。

　Ｆさんの話を聞いていて，私は〈もう少し母親がＦさんに関心を向けてくれたらなあ〉と思うこともありました。しかし，「ここで話したことは，お母さんに言わないで」と念を押すＦさんの姿に接し，母子間の調整はせずに，話を聞くにとどめました。とはいえ，内心では〈聞くだけでいいのか〉と思っていましたし，〈自分は何もしてないなあ〉という感覚が常につきまとっていました。

　何か月か後に，母親は恋人と再婚しました。Ｆさんは，母親の再婚相手との同居を拒み，伯母のもとでの生活を選びました。伯母の居住する地区は他県であり，保護観察の担当者も変更となりました。

　それから2年くらい経った頃，私は同僚の保護観察官から，「Ｆさんって憶えていますか。今度，自分が担当している地区に転居してきて，今，保護観察所に来ているんです」と話しかけられました。Ｆさんが私に会いたいと言っているというのです。保護観察が解除

にならず2年も続いていたのか，何がFさんに起きたのかと思いながら，私は面接室に入りました。

　久しぶりに会うFさんは，とても大人っぽくなっていました。そして，Fさんは「あれから色々あったけど，今，働いてるんだ。やっとアパートを借りられて，実家のそばに帰ってきた。一人で暮らしてる」と述べました。

　Fさんの話では，伯母のもとで本格的に生活するようになってから，母親に対する不満を伯母の家族らに話したところ，それが母親に伝わってしまったのだそうです。Fさんの不満を人づてに聞いた母親は，「何故私の悪口を言うのか」と激怒し，母子の関係は相当にこじれてしまったといいます。「それで，私，何かプッツンって切れた感じがしちゃって，彼氏と浮浪みたくなっちゃった」とFさんは述べました。その口ぶりからは，不安定な生活を送っていたのだろうと推察されました。

　Fさんは「色々あったのも，結局は，私が悪いんだけど」と言いながら，「でも，その人たちも，何とかしてあげようとか思って母親に話したんだろうとは思うけど，そういうのを伝えたら母親が激怒するってわかってたから，『お母さんには言わないで』って頼んだのに」と話しました。母親との関係は以前よりは好転したらしく，Fさんは「私も今なら，母親にも母親の生活があるってわかるから」と言っていました。

　伯母のもとでの保護観察の担当者の所には，自分からはほとんど行かなかったとして，その理由を，Fさんは次のように語りました。「（担当者と）合わないとかじゃなくって，いつ行ったらいいのかわ

からなかった。『来られそうなときに電話して』って言われたんだけど，自分から電話とかできなくて。担当の人が伯母さんの家まで来て会ったりとか。でも，伯母さんの家だと話とかできなかった」

　そして最後に，Ｆさんは「こっちで保護観察を受けていたときはよかった。いつ来たらいいのか時間決まってたし，何言っても，絶対，お母さんに伝わることはなかった。それで，こっちに引っ越したら，そういう風な人に担当してもらいたいと思って，今日，来たんだ」と言いました。

　その後のＦさんは不安定な生活に戻ることはなく，保護観察は法定の期間の満了前に解除となったそうです。

　さて，Ｆさんが述べた「こっちで保護観察を受けていたときはよかった」ということばは，保護観察のことだけではなく，当時の生活全体を含めた「とき」を指すものと理解できると思います。また，ここでＦさんの事例を取り上げたのは，伯母のもとでの保護観察処遇を問題視する意図からではありません。そもそも，Ｆさんの生活が不安定になったのは，本人も言っていたように，担当者の問題からではありませんでした。

　ここで述べたいのは，Ｆさんのこのことばが，保護観察処遇の枠組みを明確に提示し，それを維持し続けることが少年にもたらす積極的な意味の一つを，私にハッキリと意識させたということです。そして，かつては受け身であったＦさんは，明確な処遇の枠組みとそれを保持してくれる人が自分には必要だとして，その獲得のために外界に働きかけるほどの力を有するようになったと言えます。

4.3　Gさんのこと

4.3.1　Gさんとの初回面接

　Gさんは，無断外泊等を繰り返し，虞犯で補導され，少年鑑別所収容を経て，保護観察処分の決定を受けた少年（17歳，女子，無職）です。両親はGさんが小学生の頃に離婚しており，Gさんは，母親との二人暮らしでした。生別した父親は，家族への暴力がひどかったといいます。また，小学生のとき，Gさんは友人からいじめを受けていたとの情報もありました。関係者の話では，Gさんは情緒の不安定さが目立つ少年だとのことでした。

　保護観察処分の言渡しを受けた数日後，Gさんは，母親と保護観察所に来所しました。私が二人を面接室に招き入れると，母親は入室するやいなや，「少年鑑別所から帰ってすぐに，外泊はあるわ，酒や煙草のにおいをさせて帰ってくるわ，ひどいんです」と言い出しました。Gさんは血相を変え，母親に「嘘言うんじゃねえ！」と怒鳴り，母親もそれに応戦し，激しい言い争いを始めました。私は少し様子を見ていましたが，事態が収まりそうにないため，母親に席をはずしてもらいました。

　母親が面接室を出たとたんに，Gさんは泣き出しました。私が「悲しくなっちゃったかな」と声をかけると，Gさんは頷き，「母親の言ったことは本当のこと。本当のことを言われてイライラして怒鳴った」と答えました。また，母親について，「いつもは仲がいいんだけど，勝手に私のことバラすのはすごく嫌だ」とも言いました。それからGさんは，飲酒や喫煙をやめようとは思うが，嫌なこと

があると手が出てしまうと話し始めました。

　しばらく話を聞いた後，Gさんが落ち着いてきたため，私は母親に再び面接室に入ってもらいました。すると，親子は，先ほどの言い争いはまるでなかったかのように，じゃれ合い始めたのです。このような母子の様子に見られるように，Gさんも，そして母親も，その情緒や対人関係がかなり不安定なようだと私は思いました。処遇困難が予想され，改善更生に時間がかかりそうなケースのように感じられたため，私は保護観察官直接担当としたほうがいいのではないかと考えました。そこで，Gさん親子に保護観察官直接担当について打診したところ，二人は承諾しました。

　面接の後半で，私は境界をハッキリとさせる意図もあって，保護観察の仕組み，特に良好措置と不良措置について具体的にどのようなものか，それに至るまで，保護観察官及び保護観察所長がどのような手続を行うかなどを丁寧に説明するとともに，Gさんに，定期的に保護観察所に来るように伝え（面接の曜日と時間を固定），また，不来所の場合の連絡方法等の打ち合わせを行いました。私の守秘義務についてはもちろん，面接で話した以外の行動を私がとるときには，できる限り，事前にGさんに説明することも伝えました。つまり，私はGさんに，保護観察処遇の枠組みや方法を，かなり明確に提示しました。

4.3.2　その後の経過

　その後のGさんは，予想通り不安定な言動をとりました。

　ある日のGさんは，面接室の入り口で，怖々と部屋を見渡して

いました。なかなか面接室に入ろうとしないので，私が「どうしたの」と尋ねると，Ｇさんは「仕事始めたんだけど，やめちゃって，怒られると思った」と答えました。私が「事情も聞かずに怒るなんてしないよ」と何度も言うと，ようやくＧさんは面接室に入室しました。

　あるときには，面接室で私が身動きするだけで，「何かするの」とＧさんが怯えた表情をすることもありました。私は，何もするつもりはないとＧさんに意識して伝えました。

　約束の日に無断で不来所だったときに私が手紙で来所を促すと，Ｇさんが電話をかけてきて，「行けば逮捕なんでしょ」と金切り声をあげたこともありました。私が「『行けば逮捕』なんて，そんなことはしないよ」と何度も言って，ようやくＧさんの声が落ち着くというようなエピソードは，一回だけではありませんでした。

　一方，私がＧさんを身柄拘束する用意がないとわかると，Ｇさんが，甘えた口調で「あのね，あのね」と話し始めることもありました。Ｇさんが甘えた口調で話し始めたときも，私は，Ｇさんが怯えているときと同様の態度をとり続けようとしました。

　私との関係以外でも，Ｇさんの対人関係は不安定でした。たとえば，就職しても同僚とうまくいかず，Ｇさんは離転職を繰り返しました。友人との関係もぎくしゃくしがちでした。時折，母親との激しい喧嘩も見られました。

　Ｇさんの情緒や対人関係の不安定さに，父親からの暴力や，小学校時代にいじめられた体験の影響があると考えることはできます。また，Ｇさんが怯えたり金切り声をあげたりしたとき，それは問題行動の存在を示唆するともとらえられます。実際，不良措置を検討

しなければならないほどのものではありませんでしたが，無断外泊等の問題行動は認められました。

　しかし，私には，それだけでは，Ｇさんの理解が十分だとは思えませんでした。それほど，Ｇさんが面接室で見せた怯えが強かったからです。とはいえ，私は，自分のわからなさを解消してくれるような「何か」を求めて，Ｇさんに質問を投げかけることはしませんでした。尋ねたところで，その「何か」がわかるような答えが返ってくるとは限りませんし，むしろ，むやみに問うことは，Ｇさんを余計に不安定にさせる危険性が高いと思っていたからです。

　保護観察開始後1年以上が経過した頃，Ｇさんに恋人ができました。大喧嘩もありましたが，Ｇさんと恋人の交際は途切れませんでした。次第に，Ｇさんの表情も穏やかになっていきました。

　あるとき，Ｇさんは，秘密を守るかどうかと何度も私に確かめた上で，話を始めました。それによると，実は母親には婚約者がいて，随分前から半同居のような生活を送っているといいます。「その人が家にいるとき，私に注意とかしてきて，私が反抗すると喧嘩になった。実際は暴力を振るわれるわけじゃないんだけど，二人きりでいると何かされるんじゃないかって怖くて仕方がなかった」「その人がハサミを使っていたりすると，刺されるんじゃないかとまで思った」とＧさんは語りました。そして，「被害妄想みたいだってわかってたけど，誰にも言えなくて，ずっと一人で悩んでいた」とも言いました。

　私は内心納得しつつ，「一人で悩んでいて，辛かったし，怖かったんだろうね」「よく頑張ったね」と答えました。Ｇさんはホッと

したような，少しうれしそうな顔をして頷きました。

　Gさんの話では，母親から，婚約者が半同居している事実を決して他者に話してはならないと強く言われてきたとのことでした。ただし，母親が口外を禁じた理由はわかりませんでした。

　この頃になると，Gさんの面接室での言動も他者との関係も以前のように不安定になることは少なくなり，仕事も続くようになりました。そして，保護観察は法定の期間の満了前に解除となりました。

　Gさんの安定に，恋人の存在が果たした役割は，極めて大きいと思われます。それに加えて，保護観察もGさんを支えたと言えます。私が保護観察において行ったのは，処遇の枠組みを明確に提示し，それを維持し続ける作業でした。また，私はGさんがどのような言動をとっても，一貫した態度をとり続けようと模索しました。そのような処遇の中で，次第にGさんは，面接室を「安全で信頼できる場」だと認識していったと考えられます。Gさんが，自分の不安定な言動の直接的刺激となった母親の婚約者の話を，初めて他者に話すに至ったのは，その現れととらえられます。さらには，対人関係の安定が示唆するように，Gさんの自己肯定感も育まれていったと考えることができます。

　理論的には，私の行った作業は，Winnicottが述べた「ホールディング（holding，抱えること）」の具現に相当すると言えるのかもしれません。イギリスの小児科医でもあったWinnicottは，精神分析の立場から，子どもの反社会的傾向とその治療について論じました。Winnicott（1956）は，子どもの反社会的傾向は愛情剥奪と本質的に強く関連しているとし，反社会的傾向を現わす子どもへの対応に

おけるホールディングの重要性を指摘しました。Winnicott (1965) によれば，ホールディングとは「ある人がぶれずに一貫してマネイジメントすること」(p. 87) を意味し，子どもに必要なのは「ある人のぶれのない一貫した心くばりと寄り添い」(p. 88) です。

4.4 非行のある少年の処遇における一貫した処遇（環境）設定の意味をめぐって——保護観察の強力な枠組みが果たす機能

　保護観察所に来る少年は，非行のある少年の中でも，要保護性が高いと家庭裁判所で判断された子どもたちです。そのように判断されたからということもあるかもしれませんが，保護観察を受ける少年を取り巻く環境は，FさんやGさんに限らず，不安定な場合が少なくありません。

　そのような環境には様々なものがありますが，たとえば，子どもの生活において主要な役割を果たす他者（家族，教師，友人や先輩等）が，相当に不安定な態度や言動をとるなどの状況が挙げられます。その最たる例は，保護者による虐待です。そして，子どもの年齢等にもよりますが，こうした態度や言動に比較的長期にさらされ，加えて，その他者との関係から離れることが難しいときなどに，子どもが，人は信頼できないとか，自分を取り巻く世界は信頼できないという感覚，つまり，対人不信感をもってしまう可能性は低くありません。

　さらにその後も，自分を支えてくれる他者に出会うことができないような場合に，その不信感は緩和されにくいと考えられます。ま

た，そのような扱いを受ける自分には愛される価値がないという感じ，すなわち，低い自己肯定感や自尊心しかもてないという状態に陥ることがあり得ます。

非行のある少年の処遇に関する先行研究では，多くの事例で，対人不信感の強さとともに，自己肯定感や自尊心の低さが認められると指摘され，少年の健全育成のために，対人不信感の緩和や自己肯定感の向上を促進するようなかかわりの検討が課題とされてきました（井上，1980）。

自己肯定感が低い場合，あるいは低下しているとき，人は，自分を大事にできませんし，まして，他者を尊重することはできません。つまり，自己肯定感や自尊心の低さ（あるいは低下）は，自分や他者を害する行為，すなわち非行に走りやすくする要因の一つとなり得ます（中井，2004）。もちろん，不安定で厳しい環境で生きざるを得なかった子どもが皆，非行をするわけではありません。また，非行は，環境が悪いから生じるというような，単純なものではありません。しかし，とりわけ，非行のある要保護性の高い少年の多くに，自己肯定感や自尊心の低さや低下が認められるのは事実です。

そして，ここでいう低い自己肯定感や自尊心とは，たとえば自己効力感の低さというようなものではなく，自分は存在していい，生きていていいというレベルの肯定感が乏しいということを意味します。

そもそも，子どもは年少であればあるほど環境への依存度が高く，環境の影響を受けやすい存在です。非行のある要保護性の高い少年においても，その対人不信感の強さや自己肯定感の低さを，不安定な環境との関係の観点から理解できる事例は少なくありません。

以上を踏まえると，一貫して規則のハッキリとした環境設定をすることは，それだけで，非行のある少年に治療的な意味をもたらし得ると言えます。なぜならば，不安定で予測不能な環境では，人は自分を取り巻く世界を信頼できないからであり，換言すれば，信頼とは，安全さや予測可能性のもとに成り立つものだと考えられるからです。すなわち，一貫した環境設定は，「あてになるかもしれない」外界の実現となり得るのです。

　加えて，前述のように，保護観察は強力な枠組みを有します。そうであるからこそ，保護観察では一貫した環境設定が可能です。健全育成を目的として，少年の対人不信感の緩和と自己肯定感の向上を目指すとき，処遇を担当する者が面接で何をするかという検討と同時に，あるいはそれ以上に，予測可能で一貫した環境設定（保護観察においては，まずは明確な処遇設定）が果たす治療的機能を忘れてはならない，と私は考えます。

　もちろんその環境設定の中で求められるのは，処遇の担当者の少年に対する一貫した態度です。これが，先に引用したWinnicott (1965) のホールディングに重なる議論であることは，言うまでもありません。

第5章
保護観察における不良措置をめぐって

5.1　はじめに

　これまで本書で取り上げてきた事例のモデルとなった少年の中には，第2章で述べたCさんのように保護観察中に再非行に至って再度の保護観察処分の決定を受けた人や，生活や心情が安定するまでに時間がかかった人もいますが，ほとんどの場合，最終的には改善更生が認められ，良好措置によって保護観察が法定の期間の満了前に終了しています。一方で，極めて数は少ないながらも，不良措置をとらざるを得ない少年もいます。そして，不良措置がなされるとき，保護観察官が担当している人の身柄を拘束することがあります。その話を司法関係者以外の人にすると，ほぼ例外なく，驚きを伴った反応が返ってきます。

　不良措置は人身の拘束にわたるものでもあり，法律によって，その要件が規定されています。不良措置がなされた事例の提示の前に，事例理解に必要な範囲で，その主な内容に触れておきたいと思います。

5.2 保護観察における不良措置について

5.2.1 保護観察処分少年の場合
（1）保護観察処分決定時17歳以下の少年の場合

　保護観察処分の決定時に17歳以下の少年が遵守事項を遵守しなかったとき，保護観察所長はこれを遵守するよう「警告」を発することができます。そして，警告を受けた保護観察処分少年が，なお遵守事項を遵守せず，その程度が重いときは，保護観察所長は，家庭裁判所に対し，児童自立支援施設等送致又は少年院送致の決定を申請することができます。

　また，保護観察所長は，その少年が保護観察中に18歳を過ぎた場合でも，新たに虞犯事由があると認めるときは，家庭裁判所に通告することができます。[*1]

（2）特定少年の場合

　2年間の保護観察に付された特定少年（以下，特定保護観察処分少年といいます）が遵守事項を遵守せず，その程度が重いと認めるときは，保護観察所長は警告なしで，少年院収容の決定の申請を家庭裁判所にすることができます。なお，家庭裁判所は，特定少年に対して2年間の保護観察処分を決定する当初審判において，その決定と同時に，1年以下の範囲内において犯情の軽重を考慮して，少

---

*1　2021年法改正以前に保護観察処分の決定を受けた少年の場合は，決定時の年齢が18歳以上であっても，（1）に記載されている不良措置をとることができます。

年院に収容できる期間を定めなければなりません。したがって，保護観察所長の申請により，家庭裁判所が少年院収容決定をしたときは，その期間内で収容されることとなります。

　ただし，6か月の保護観察に付された特定少年に対しては，少年院送致申請はできません。また，特定少年で保護観察処分となった場合は，虞犯通告はできません。

5.2.2　少年院仮退院者の場合

(1) 少年院送致決定時17歳以下の少年の場合

　17歳以下のときに少年院送致決定となった少年院仮退院者が，遵守事項を遵守しなかったと認めるときは，地方更生保護委員会は，保護観察所長の申出により，その少年を少年院に送致した家庭裁判所に対し，少年院に戻して収容する旨の決定の申請をすることができます[*2]。

(2) 特定少年のときに少年院送致となった場合

　特定少年のときに少年院送致となった少年院仮退院者が遵守事項を遵守しなかったと認めるときは，地方更生保護委員会は，保護観察所長の申出により，仮退院許可を取り消すことができます[*3]。

＊2　2021年法改正前に少年院送致の決定を受けた少年院仮退院者については，決定時の年齢が18歳以上であっても，少年院戻し収容の不良措置をとることができます。

＊3　家庭裁判所は，当初審判において，特定少年に対して少年院送致の決定をする際に，3年以下の範囲内において犯情の軽重を考慮して少年院に収容する期間を定めなければなりません。仮退院が取り消された場合，仮退院中の日数は，定められた少年院収容期間に算入されます。

5.3　引致と留置について

　保護観察中の人が遵守事項に違反している疑いがあり，その調査をするために必要がある場合，裁判官があらかじめ発する引致状により，保護観察所長は，少年と大人の別を問わず，保護観察中の人の身柄を拘束し，保護観察所に連行する「引致」を行うことができます。

　引致とは，一般に，国家が強制力を用いて当該本人を一定の場所（引致すべき場所）に連行することを意味します。引致は，実務上は不良措置の検討の前提としてなされることが多いものです。また，引致状は保護観察官に執行させるものとされており，保護観察官に執行させることが困難であるときは，警察官にその執行を嘱託することができます。

　引致状による引致をされた本人に対して，第一に，17歳以下で保護観察処分を言い渡された保護観察処分少年の場合は，家庭裁判所に送致され，その後は同所の判断に委ねられます。第二に，特定保護観察処分少年の場合は，不良措置をとるために必要があるときには，保護観察所の長は，その少年を刑事施設又は少年鑑別所に「留置」することができます。第三に，少年院仮退院者の場合，地方更生保護委員会は，引致状により引致された少年について，少年院戻し収容の申請又は仮退院の取消しに関する審理を開始するときは，本人を刑事施設又は少年鑑別所に留置することができます。

　引致も留置も，人身の拘束となりますから，それぞれの要件，手

続及び期間等は，法律によって規定されています。

　そして，保護観察官は，引致状の執行等にあたり，逃走，自傷，他害等の行動をするおそれがある場合において，これを防止するためやむを得ないと認めるときは，あらかじめ保護観察所長等の許可を得た上で，手錠を使用することが訓令により許されています。つまり，場合によっては，保護観察官が保護観察中の人に手錠をかけて，その身柄を拘束することがあるのです。

5.4　Hさんのこと

5.4.1　Hさんとの最初の面接

　Hさんは，窃盗事件等を起こして補導され，少年鑑別所収容を経て，保護観察処分の決定を受けた少年（16歳，女子，無職）です。私がHさんの担当保護観察官となったのは異動によるものであり，保護観察開始後，半年が過ぎた頃でした。前任保護観察官からの情報では，幼い頃のHさんは落ち着きがなく，両親，特に母親は厳しい体罰を加えることもあったといいます。中学校入学後に生活が乱れ始め，Hさんは家出や深夜徘徊等をするようになったようです。なお，Hさんについて，自己中心的で独りよがりな性格傾向があると言う人もいました。

　保護司によると，Hさんと母親は，無断外泊等のHさんの問題行動をきっかけに，大喧嘩をすることが少なくなく，そのたびに母子が保護司に電話をかけてくるといいます。保護司は，電話や家庭訪問を通して，母子間の仲裁やHさんへの指導・助言を行ってき

ましたが，双方が自分の正しさを主張し続けるために収拾がつかず，毎回，多大な時間とエネルギーを費やしてきたそうです。

　ある日，母親との大喧嘩の末，Ｈさんは家を飛び出しました。数日後，保護司から，Ｈさんが家に戻ったとの報告が入ったため，私はＨさんと保護観察所で面接することにしました。

　初めて会うＨさんは，活発な印象を与える少年でした。保護観察所に同行した母親には別室で待っていてもらい，まず，保護司同席でＨさんと面接したところ，Ｈさんは私の質問に対して比較的素直に答えました。そして，Ｈさんは，母親のことは「基本的に好き」で，できるだけうまくやっていこうと思っているが，母親の話は「何だかよくわかんなくて」「私ばっかり悪いって言うから頭にきて」，気がつくと喧嘩になってしまうと述べました。ただし，家を飛び出しても「悪いことはやってない」とＨさんは話しました。

　しばらくして，私は母親にも面接室に入ってもらいました。母親は一見上品そうな感じの人で，当初は，落ち着いた表情で会話を始めました。しかし，Ｈさんが私に向かって話すことばを聞いているうちに，母親は「甘えている！」と怒り出し，興奮した声でＨさんの生活態度の問題（無断外泊の問題から，たとえば電気を消し忘れるなどまで）を，私や保護司に訴え出しました。

　Ｈさんが「私だけが悪いんじゃないでしょ！」と言い返すと，母親は激怒しました。私や保護司が声をかけても，母親の怒りが静まる気配はありませんでした。しばらく，母親は一人で怒っていましたが，このときは，結局，Ｈさんが「わかった。私が全部悪かった」と泣いて謝ったことで，母親は少し落ち着きました。

面接終了後，保護司に確認すると，いつもこのようなプロセスで，Hさん母子は大喧嘩になるということでした。

　Hさんが言うように，母親の話は核心がつかみにくく，私は，母親自身が抱える問題の大きさを思っていました。同時に，Hさんが繰り返した「私だけが悪いんじゃない」ということばが，私の印象に強く残りました。そのことばにも一理あると思ったからだけではありません。「私だけが悪いんじゃない」ということばには，「私」との対照としての「誰か」が「悪い」という含意があり，それは母親にとどまらず，他者に対する認識の下地となっている（つまり，他罰的処理で終わる）可能性があるのではないかと考えたからです。

　実際，母親もそうでしたが，Hさんにも，自分たちが保護司に時間的・心理的負担をかけていることへの理解が極めて乏しいように，私には感じられました。

5.4.2　不良措置に至るまで

　その後も母子の大喧嘩は何度も繰り返され，Hさんの家出も度重なりました。保護司や私が，何度もHさんや母親に面接をしましたが，事態が好転するきざしは見えませんでした。

　そんなある日，保護司宅に来たHさんは，母親との暮らしに「もう耐えられない」「落ち着いて生活できない」と言って，保護を求めました。私が，Hさんの保護と自立支援のために，ある福祉施設への入所を打診したところ，Hさんはその提案を受け入れました。

　Hさんは「ちゃんと生活して，働く所をすぐに見つける」と言い，福祉施設に入所しました。Hさんの福祉施設入所に関しては，特に

父親が、「母子が少し離れて暮らしたほうがよいかもしれない」と述べていました。

　しかし、福祉施設の中で、Hさんはトラブルを起こし続けました。Hさんが施設の最低限のルールを守らず、仕事も探さずに気ままな生活を送り、それを注意する施設の職員や入所者等に対して、「私は悪くない」と反発をし続けたからです。Hさんは、保護司や私の助言や指導にも従おうとしませんでした。

　何週間か後に、Hさんは福祉施設から出奔しました。

　両親も、私をはじめとした関係者も、Hさんの行方を懸命に捜しました。その結果、Hさんが、暴力組織関係者が関与する不健全な場所に住み込み、ある違法な仕事をしているとの情報を得ることができました。

　そして、私がHさんの居所に行く準備を始めた、まさにそのとき、Hさんから私に電話がかかってきたのです。Hさんは一方的に、「居場所は教えられない」が「楽しく暮らしているので、心配しないでほしい」「探さないでほしい」と話し、また、「家で生活するつもりはない」が「身の回りのものを取りに、一度家に顔を出すかもしれない」などと明るい声で言って、電話を切りました。

　私はこの電話を受けて、Hさんを強力に保護（すなわち身柄拘束）する必要があると考えました。もちろん、Hさんが福祉施設を無断で飛び出し、所在を明らかにせず、不健全な場所で生活し、違法な仕事をしていることは大きな問題です。それと同時に、もしも現在の自分の生活に全く問題を感じていないのであれば、Hさんが私に電話をしてくるとは考えられなかったからです。つまり、電話をか

けてきて一時帰宅をほのめかしたHさんの行動からは、「楽しく暮らしている」「探さないでほしい」とのことばとは裏腹に、〈自分をとめてほしい〉という心の動きを受けとることができると私は思いました。

　結論から言えば、裁判官があらかじめ発した引致状に基づき、私はHさんの身柄を保護観察所に引致しました。引致状を提示したとき、Hさんは「私、悪くないもん」と抵抗しましたが、結局は引致に応じました。

　保護観察所における私の調査に対して、Hさんは、福祉施設出奔後に住み込んだ先に暴力組織関係者がいるのは確かだが、「楽しく暮らしているし」、離れる気持ちは「全くない」こと、違法な仕事をしているのは事実だが、「誰にも迷惑かけてない」ことなどを強く主張しました。このまま社会内処遇を続けても、Hさんが自分の主張を変えて、健全な場で生活し、まじめに働いていく可能性は極めて乏しいと判断せざるを得ませんでした。

　私が、Hさんの行動が虞犯事由に相当することを説明すると、Hさんは、少年法3条にある虞犯事由のうち、ハ「犯罪性のある人若しくは不道徳な人と交際し、又はいかがわしい場所に出入すること」及び、ニ「自己又は他人の徳性を害する行為をする性癖のあること」にあたることは認めました。

　保護観察所長は、Hさんを家庭裁判所に通告し[*4]、その後、Hさんは、

*4　保護観察処分少年の場合の保護観察所長から家庭裁判所への施設収容の申請は、2008（平成20）年に施行された更生保護法によって新設されたものであり、私が保護観察官だった時期はそれ以前ですので、本事例は家庭裁判所に対する虞犯通告がなされたものとなります。

審判で少年院送致の決定を受けました。両親も，Hさんが少年院送致になったことを，「仕方がない」と述べていました。

5.4.3　その後の経過──少年院の教育的機能をめぐって

少年院の中でも，生活場面で起こる行き違いに関して，Hさんは教官の指導・助言や周囲の注意に反発することが多く，自分の問題をなかなか認めようとしなかったといいます。それでも，Hさんなりの努力が認められ，両親のもとを居住すべき住居として，仮退院が許可されました。

Hさんが少年院を仮退院した後も，母親の性格にはあまり変化はありませんでした。つまり，Hさんが起こす日常の些細な問題に対して，母親が激昂する場面は少なくなかったということです。しかし，母親に対するHさん自身の反応は変化しました。Hさんは以前のように母親に反発をせず，したがって，あまり大喧嘩にならなかったのです。

Hさんは，少年院で獲得した技術を生かせる職場に就職を果たし，若干の紆余曲折はあったものの，落ち着いた生活を送るようになりました。

保護観察が終了する前に，私はHさんに「少年院から帰ってきてからは，『私は悪くない』って言わなくなったね」と尋ねてみました。すると，Hさんから「私が正しいと思うことが通らないのは，家の中だけじゃないってわかったから」という答えが返ってきました。

Hさんによると，以前，母親に怒られていたときは，その理由が「わからなくて」，「母親がおかしくて，私は悪くないってずっと思って

た」とのことでした。そして，母親以外の他者からの注意に対しても，「『この人も，私のことばっかり責める』とか，『私は悪くなくて，正しいことを言ってんのに，何で聞こうとしないんだろう。正しいことが通らないのはおかしい』と思って，自分の言い分を曲げなかった」とHさんは言いました。

　しかし，少年院で生活をしてみると，「皆で話し合って決めなきゃいけないことが色々あって。最初は，私が正しいって思ってる通りに皆も決めればいいのに，時間の無駄って思って反発してた。でも，先生（教官）とかといつも話しして，家だけじゃなくて，社会の中では，私が正しいと思っていることを，皆も正しいと思っているわけじゃないんだってことが，すごくよくわかった」のだそうです。そのために，「言ってることはよくわかんないと今も思う」母親に対して，「いちいち反発しなくなったんだと思う」とHさんは述べました。

　そして，Hさんは「捕まえられたときは，『私がこんなに楽しく暮らしてるのに，保護観察官は私のことを聞こうとしないじゃん』って思った。でも，少年院に行かなかったら，今，私，ひどいことになってたと思う」と言いました。

　私は，これらの話を聞いて，その身柄を拘束したときに自分が期待していた以上に，少年院という強力な枠組みの中でこそ可能な教育が，Hさんにもたらしたものの大きさを思っていました。

　Hさんにとっての少年院教育の意味をより詳しく考察するなら，まず踏まえておく必要があるのは，Hさんが何度も繰り返していた「私だけが悪いんじゃない」ということばは，本人の心理的健康

さを示すものでもあるという点です。Hさんの母親の問題は大きく，たとえば，Hさんが幼い頃から体罰を加えるなど，そのかかわりは虐待と言えるものでした。そのような環境の中で，暴力や理不尽な対応を受ける自分を責めるのではなく，相手（Hさんにとっては主に母親）の問題であると認知できることは，その人の強みだと指摘できます。したがって，その意味で，Hさんの「私だけが悪いんじゃない」という主張は正しく，支持されるべきものです。

　しかし，同時に，Hさんの課題として挙げられるのは，自分に危険が及びそうになると，自分を守るために使っていた対人認知が賦活されてしまっていたことでした。そのため，危機を感じる状況では，Hさんは相手や状況の吟味をしない（できない）まま，「私だけが悪いんじゃない」「私は悪くない」と繰り返していたと考えられます。この点について，少年院は，Hさんを強力に保護し，相手や状況等を冷静に検討する機会を提供し続けることを通して，Hさんの外界に対する認識の拡大と，他者と折り合いをつけていく力の獲得を促したと言えるのです。

　ところでこれまで，非行のある少年の処遇に関する先行研究では，社会内処遇の担当者（あるいは担当機関）が少年の身柄を拘束することを，処遇の「限界」，あるいは「失敗」ととらえる傾向が強かったように思います。処遇が適切に行われていたかについての検討（失敗の観点からの検討でもあります）は，必要不可欠な作業です。それとともに，限界という認識にとどまらず，社会内処遇の担当者が少年の身柄を拘束することに含まれる保護的意味や，少年院の教育的機能，さらにはそのホールディング(Winnicott, 1965)の機能に

関する，具体的な議論の積み重ねが必要だと私は考えます。

　少年法の目的である健全育成を踏まえ，更生保護法も「保護観察処分少年又は少年院仮退院者に対する保護観察は，保護処分の趣旨を踏まえ，その者の健全な育成を期して実施しなければならない」（49条2項）と規定しており，したがって，保護処分である保護観察の不良措置も，当該少年に与える積極的な意味を慎重に吟味した上でなされなければならないからです。

第6章

非行のある少年の処遇に携わる者が体験する「引き裂かれる」感覚について

6.1　はじめに

　保護観察以外の臨床場面における援助者としての自らの体験と，保護観察官としての体験を比較したとき，後者の場合に，より鋭く現れる感覚があります。それをことばにするなら，「自分の内面が『引き裂かれる』感覚」という表現が一番しっくりくるように思います。

　本章では，Ｉさんという少年の事例を通して，非行のある少年の処遇に携わる者が体験する「引き裂かれる」感覚に焦点を当ててみたいと思います。

6.2　Ｉさんのこと（1）

　Ｉさんは，中学校時代に起こした恐喝事件等によって，家庭裁判所の在宅調査を経て，保護観察処分の決定を受けた少年（15歳，男子，高校1年生）です。関係者の話では，Ｉさんは，小学校時代は特に問

題なく過ごしていたものの，中学校入学後，非行傾向のある同級生Pさんとの交友が始まり，生活が乱れ，様々な問題行動や非行を繰り返すようになったといいます。本件非行である恐喝事件等も，Pさんとともに起こしたものです。とはいえ，高校進学後のIさんの生活は，以前よりは落ち着いており，また，家庭には大きな問題は認められないとのことでした。

　保護観察の初回面接では，Iさんは明るい表情で，私の質問や説明に素直に応じました。Iさんは，中学校時代の生活について「やりたい放題だった」と述べ，今後に関しては「高校にまじめに通いたい」と言いました。面接に同席していた母親も快活な印象を与える人で，母子間の会話も穏やかに見受けられました。この面接からは，Iさんにも母親にも，そして両者の関係にも，大きな問題は感じられませんでした。

　しかし，私はかなりの〈わからなさ〉を感じていました。なぜならば，面接場面での明るく穏やかなIさん（及び母親）の印象と，「やりたい放題だった」という中学校時代の生活や本件非行とが結びつかなかったからです。

　Iさんの場合，地元の保護司が知り合いで「顔を合わせづらい」との理由から，保護観察官直接担当となりました。私は，月2回の面接をIさんと約束しました。

　Iさんが，私との面接の約束を破ることは，ほとんどありませんでした。そして，面接中のIさんの表情は，初回面接と同様に，おおむね明るく穏やかでした。また，Iさんは初回面接直後に高校を中退し，アルバイトを始めたのですが，そのような生活上の変化が

あれば，自分から私に話していました。Ⅰさんはアルバイトで得た収入でバイクの免許を取り，早速バイクを購入しましたが，軽微な違反を起こすと，その事実も自ら報告しました。

　その意味では，Ⅰさんは保護観察をきちんと受けていました。軽微な交通違反を除けば，Ⅰさんの生活は，保護観察上，問題視されるレベルのものではありませんでした。交通違反等，自分にとって不利な事実であっても，自ら報告をするⅠさんに対して，私はある程度の信頼感をもつことができていました。

　しかし，Ⅰさんの話は，あくまでも事実の報告に限られていました。たとえば，初回面接でのことばとは異なり，急に高校を中退したわけを私が尋ねても，「バイクがほしいから」「自分はバイクが好きだから」と答えるのみで，Ⅰさんはそれ以上の詳しい話をしようとはしませんでした。その他のⅠさんの話に対して，私が関心を示したり，質問をしたりしても，Ⅰさんは笑顔で応対しつつ，しかし自分が報告した以上のことに触れようとはしませんでした。

　保護観察開始から半年以上経過した頃の面接で，Ⅰさんは，中学校時代にバイクを無免許運転して「転んで，死にそうになった」と過去の不安定だった生活の一端を初めて話しました。ただし，私が「大変なことがあったのね」と言うと，Ⅰさんは短く笑って黙り込みました。また，その後の面接で，Ⅰさんはバイクに乗るのは「ストレス解消のため」と述べたのですが，ストレスの詳しい内容を話そうとはしませんでした。私は〈今もバイクの危ない走行をしているのではないだろうか〉と思い，「今も危ないことあるかなあ」と問いかけてみましたが，Ⅰさんは笑ってかわしていました。

Iさんとの面接において，表面的なレベルでのコミュニケーションは一応成り立っていると言えますが，向かい合っていると，私は表面下の「溝」とも言えるほどの深い断絶を強く意識せざるを得ませんでした。自分が「引き裂かれ」，動きがとりにくい感覚に常に襲われていました。そのような感覚は，初回面接から数えて，少なくとも10か月以上続いていたと記憶しています。

　保護観察開始後1年弱が経過した頃，Iさんは，実は保護観察処分となってからも，「ストレス解消のため」しばしばかなり危険なバイク走行をし，怪我もあったことなどを初めて語りました。私は〈やはりそうだったのか〉と内心納得しました。そして，「バイクの危ない走りのこと，今まで聞かなかったね」とことばにしてみました。すると，Iさんは「こういう所（保護観察所）の人は，そういうこと言うと，うるさいこと言うだけかなと思ってたから」と答えました。このことばを聞いて，私はさらに納得する感覚をもちました。私が「ああ，そう思ってたんだね」と言うと，Iさんは頷きました。

　私が感じていた表面上の交流と表面下の断絶感——すなわち「引き裂かれる」感覚——は，このとき，若干弱まりました。

6.3　非行のある少年の処遇に携わる者が体験する 「引き裂かれる」感覚の理論的考察

　非行のある少年の処遇論に関する先行研究は，Freudの理論の影響を強く受けてきたと考えられます。

　第2章で述べた通り，精神分析の創始者であるFreud（1895）は，

分析過程に転移という現象が生じることを発見しました。Freudの転移論には変遷がありますが，Freud（1912a）において，転移は陰性転移と陽性転移に区別されました。そして，陰性転移，あるいは抑圧されている性愛的な感情の陽性転移は分析の「抵抗」（Freud, 1912a 小此木訳 1983, p. 74）になりますが，意識化し得る友好的なあるいはやさしい陽性転移は「治療の成功の担い手になる」（p. 75）と述べられるに至りました。

　非行のある少年の処遇に関する先行研究を見ると，そのアプローチ法等は異なるものの，少年の中に，処遇に携わる者に対する両価的な感情があることを感じとっていたと考えられるという点で，共通していると言えます。そして，ニュアンスの違いはあっても，少年の両価的な感情のうち，陰性感情ではなく（それを抵抗ととらえ），陽性感情を喚起させて，処遇のために必要とされる信頼関係を形成しようとしている研究が少なくありません（羽間，2015）。上述した，非行のある少年の処遇に関する先行研究に認められるFreudの理論の強い影響とは，この意味です。

　ただし，Freudは，エディプス期に子どものこころが初めて系統的に組織化されるとし，その理論は，父－母－子に代表される三者関係で見られる愛情と憎しみの葛藤，すなわちエディプス・コンプレックスを基礎にしてなされています。しかし，私がIさんとともにいようとしたときに体験していた感覚は，Freudが言うレベルの葛藤ではなく，いわば，「良い」（すなわち，表面上の交流）と「悪い」（すなわち，表面下の断絶感）に「引き裂かれ」，自分が分裂するような感覚でした。理論的考察を試みるならば，私が体験してい

たこの感覚は，Kleinが展開した二者関係段階の精神発達論を踏まえたとき，より的確に理解し得るものとなると考えられます。

　Kleinは，三者関係以前の内的外的な二者関係（養育者と子の関係に代表されます）で見られる葛藤を見出し，理論化し，二者関係段階での心理的問題を抱えたクライアントを精神分析から理解し，アプローチする道を切り開いた人です。Kleinは，子どもの対象関係は，「両親と全体的な人間としての関係をもつようになる以前の段階，たとえば乳房とかペニスなどの部分対象 part-object との関係の段階までさかのぼって考えることができるという理解に達した」（Segal, 1973 岩崎訳 1977, pp. 4-5）といいます。

　Kleinの理論をごく簡単に述べると，全体としての人間（良い部分もあり悪い部分もある自己と対象）の関係に至る前の段階では，乳児の対象関係は「良い自己－良い対象」「悪い自己－悪い対象」に分裂しています（すなわち「部分対象関係」）。その後，乳児の自我の統合能力が増すにしたがって，分裂していた「良い対象」と「悪い対象」は「一個の人間（いいかえると'完全な対象' complete object）」（Klein, 1952a 佐藤訳 1985, p. 93）となり，分裂していた自己も一つの全体となっていきます。つまり，全体対象関係に至り，そして，子どもは両価性を保持し，罪悪感をもち，他者への思いやりの念を抱くようになっていくとされています。Kleinにおいては，エディプス・コンプレックスが始まるのはこの時期です。さらに，Klein（1952b）は，Freudが精神分析の抵抗となるとした陰性転移に着目し，陰性転移の分析こそが重要だと強調しました。

　Iさんについて言えば，その対象関係は「良い自己－良い対象」

と「悪い自己-悪い対象」に分裂しており，それが転移を通して私に投影されていたため，私は「良い対象」と「悪い対象」に「引き裂かれ」，すなわち分裂（splitting）を体験せざるを得なかったのだと考えられるのです。

　第4章でも触れましたが，保護観察所に来るような要保護性の高い少年は，その歴史において，信頼に足る対象との安定した関係に恵まれず，対人信頼感（特に大人への信頼感）が十分に育っていないことが少なくありません。それは，同時に，少年の対象関係の不安定さを示唆します。加えて，問題行動や非行に対して外界から返ってくる反応は否定的なものが少なくなく，対人不信感が緩和されることは多くありません。そして，叱責や処罰をもたらす他者は「悪い対象」として少年に認知され，外界からの否定的な反応は，「悪い対象」からの攻撃と受けとられる可能性が高く，その場合，少年の大人に対する陰性感情は強化されると考えられます。

　さらに，問題行動や非行が続くなら，少年に対する外界の否定的反応はより強くなると想定されます。家庭裁判所が決定する保護処分も，それが不利益処分である以上，少年からすれば外界からの否定的反応の一つとなり得ます。その悪循環の中で，少年の「悪い自己-悪い対象」の部分対象関係は優勢になると思われます。すなわち，保護観察所に来るような要保護性の高い少年の対象関係は，まさに分裂していると考えられることが少なくないのです。加えて，保護観察が権力構造下で行われるためもあって，少年の陰性感情は前面に出やすく，処遇を担当する者において，この「引き裂かれる」感覚の体験は日常的に生じるものと言えます。

Iさんだけでなく，これまで取り上げてきた事例の多くも，以上の部分対象関係の観点を踏まえると，理解がより深まると考えられます。

　たとえば，第3章で述べたEさんは，まさに二者関係段階での心理的問題を抱えた事例と言うことができます。Eさんは，初回面接でかなり攻撃的な言動をとっていました。このとき，私は，Eさんの内界の迫害的な「悪い対象」を投影されていたととらえられます。もしも，私が，Eさんの攻撃的な言動に対して叱責等の否定的反応をしたなら，私は現実世界においても迫害的な「悪い対象」となり，Eさんの「悪い自己－悪い対象」の部分対象関係が強化されただけで，処遇に必要なつながりが形成されずに終わったと思われます。

　実際にも，Eさんは，人から攻撃されたり捨てられたりすること（すなわち，「悪い対象」からの攻撃）が怖くて，先制攻撃をかけずにいられなかったこと（すなわち，「悪い自己」による攻撃）を，保護観察の経過の中で私に伝えています。一方，Eさんは，自分に少しでもやさしくしてくれる他者をすぐに信じてしまい，相手の人柄を吟味しないままに依存的になることを繰り返していました。これは，Eさんの「良い自己－良い対象」の部分対象関係が優勢になっている状況と理解できます。この場合，「良い自己－良い対象」の陰に「悪い自己－悪い対象」の部分対象関係があるわけですから，「良い」「悪い」は反転しやすく，したがって，実際の他者との関係も不安定とならざるを得ません。Eさんは，「良い対象」として信じた相手との関係で過度に依存的になっていましたが，このような不安定な関係は続かず，見捨てられてしまう結果となっていたと考えられるの

です。

　また，第4章で取り上げたGさんの事例も，同様の理解が可能です。Gさんは初回面接で，その不安定な生活を私に伝えた母親に対して怒鳴り，母子は激しい言い争いをしていました。私が母親に面接室から退室してもらい，Gさんが落ち着いた後に再び入室してもらったところ，母子は激しい言い争いはまるでなかったかのように，じゃれ合い始めました。この母子の様子は，まさに「悪い自己－悪い対象」（すなわち，問題行動があるGさんとそれをバラす母親）が，「良い自己－良い対象」（すなわち，仲の良い親子）に変化した例と言えます。この母子の様子が示すように，Gさんの対象関係は分裂しており，私との関係においても，非常に怯えたり（すなわち，「悪い対象」の投影），私がGさんの怖がるような行動をとらないと知ると，急に甘えた口調で話し始めたり（すなわち，「良い対象」の投影）というような，極端な言動を繰り返していたと解することができるのです。

　これらの少年に限らず，対象関係が分裂しているクライアントとともにいようと努力するなら，かつ，客観的行動として「振り回される」のでないならば，援助者（あるいは，処遇に携わる者）は，自らが主観的体験として，「引き裂かれる」感覚の体験に必ずや襲われます。なぜなら，援助者（あるいは，処遇に携わる者）は，援助（あるいは処遇）場面においては，部分対象関係ではなく，全体自己としてクライアント（あるいは少年）全体を受けとめていこうと努力する存在ですが，部分対象関係にあるクライアント（あるいは少年）とともにいようとすると，まとまりのある自己が分裂させ

られる——すなわち、「引き裂かれる」——感覚を体験するからです。

　そして、Freud（1912b）が指摘した「差別なく平等に漂わされる注意」（小此木訳 1983, p. 79）の重要性を踏まえると、対象関係の分裂したクライアントとともにいて、意味ある関係を展開させていこうとするならば、まず、援助者（あるいは、処遇に携わる者）は、自らに生じた分裂（splitting）を体験し保持すべきで、振り回されたり、部分対象関係の一方に重心を置いたりすることは、治療的関与の出発点としては考えられません。

　佐治（2006）は、アンビバレントな感じをクライアントに向けられた場合を挙げ、「アンビバレントというのは、むこうの感じがこちらに対していくつかに分裂し矛盾する。同じ対象、私という人間に矛盾した感じが向けられてくる。そういうものを受け取った私の中にどういう感じが起きるかです。」（p. 133）と述べました。そして、佐治（2006）は「それを受け取る側は困惑してどうにも動けなくなる。ダブルバインドにこちらが縛られている」（p. 133）とし、さらに、「遠ざかってもいけない、だけど近くにいてもいけない、あるいは近寄ろうとする気持をそこでみせちゃいけないけど、近くにいなきゃいけない。」（pp. 133-134）、「難しいのはどうも動きがとれないんだけど、やはりそこに身をおかなきゃいけない、そういう状況だということ。」（p. 134）と論じました。佐治（2006）のこの臨床感覚に、ここで言う「引き裂かれる」感覚の体験とその保持の重要性は通じる、と私は思っています。

　以上を踏まえると、非行のある少年の陽性転移を歓迎する先行研究は、「悪い自己−悪い対象」の陰に存在する「良い自己−良い対

象」を喚起させて関係を作ることに強調点があり，偏っていると言わざるを得ません。繰り返しになりますが，非行のある少年の処遇に携わる者に求められるのは，「良い対象」と「悪い対象」に「引き裂かれる」感覚の体験を無視せずに，そのままに体験すること，「引き裂かれる」感覚の体験をしている自分を観察しつつ，その体験を保持し続けることとなります。そして，そのような，処遇の担当者の努力を通して，少年が担当者を「良い対象」でも「悪い対象」でもない存在として確かめていけるような関係を形成することが，処遇の目標の一つとなると考えられるのです。

6.4　I さんのこと（2）

　I さんが言った「こういう所の人は，そういうこと言うと，うるさいこと言うだけかなと思ってたから」ということばから，それまで，私に「うるさいことを言うだけの他者イメージ」（つまり，「悪い対象」）を投影しており，それがゆえに，私が関心を示しても I さんは詳しい話をしようとしなかったのだと考えられました。加えて，今はそのイメージが変わりつつあることを，そのことばは表していると思われました。同時に，I さんには「うるさいことを言うだけの他者イメージ」を持たざるを得ない歴史があるのだろうと私は推察していました。

　現実生活では，その後まもなく，I さんのアルバイト先は倒産してしまいました。職場が倒産した後の面接で，I さんは，それまで詳しく話さなかった「ストレス」とは，仕事上の大変さだったと言

いました。

　さらに，その後の面接（この回を「第X回面接」と記します）では，Iさんは，初めて自分から親のことに触れました。それによると，実は昔から親とはうまくいっておらず，最近は会話もないということでした。Iさんは「何でそうなったのか忘れてしまった」と述べました。しかし，私が「詳しい事情はわからないけど，親とうまくいかないこともあって，中学のとき『やりたい放題』だったのかな」「仕事始めてから，大変だとも言わずに一生懸命やってたのは，親との関係で自分がどうこうなるのはもう嫌だ，自分で自分の生活を何とかしようと思っていたからかな」などと言うと，Iさんはその通りだという表情をしていました。初回面接で私が感じていた〈わからなさ〉は，やっと少し解消しました。Iさんも私のことばを受けとり，少しずつ内面を語り始めるようになっていました。

　さて，前述の通り，Iさんには，保護観察処分となった本件非行を含め，問題行動の多くをともにしてきた，Pさんという中学校時代からの友人がいました。Pさんは本件非行等により少年院送致になり，その後，少年院を仮退院して，Iさんの住む地域（以下，地元といいます）から遠方のQ県に居住していました。物理的距離の遠さもあり，Pさんが少年院を仮退院した後，二人の交友はほとんどありませんでした。

　しかし，第X回面接の後，私の耳に「PさんがIさんの地元に出入りし，Iさんらと遊んでいるらしい」との噂が入ってきました。Pさんはまだ安定していないらしく，私は，自分が聞いた噂が事実だとすれば，Iさんの生活にも影響があるのではないかと不安を感じ，

困惑していました。

　第Ｘ＋1回面接では，Ｉさんはイライラした表情で「仕事が見つからない。財布まで落とした」と述べました。私が「何か悪いことが続くね。あんまり続くとヤケになったりしないかな」と尋ねると，これまでとは違い，Ｉさんは「ちょっとね」と言って苦笑しました。

　このとき，私の内心には〈やはり噂通り，Ｐさんとの交友があるのではないか，その影響で気持ちが荒れているのではないか。もしもそうだとしたら，保護観察官として，Ｐさんのことを問題にしないわけにはいかないのではないか〉という思いがめぐりました。この役割意識からくる思いと，Ｉさんを理解したい思いが衝突し，つまり矛盾する感情の衝突によって，私は「引き裂かれる」感覚に襲われました。

6.5　前記6.3の「引き裂かれる」感覚と質的に異なる　　　「引き裂かれる」感覚について

　保護観察処遇は，法的規定に基づいて行われる営みであり，常に規範や善悪の問題が絡み，その目標は，社会の保護と少年の健全な育成（更生保護法1条，49条2項）という，ときに鋭く対立しかねない性格のものです。保護観察官や保護司個人に焦点を当てれば，少年の全体を共感的に理解し受容しようとするとき，少年の言動が自分自身の価値観や規範意識等と相容れず，また，再非行防止の観点から見過ごせないと感じ，厳しい葛藤が生じる場面は非常に多いのです。このとき，少年の処遇を担当する者は「引き裂かれる」感覚

を体験します。

　6.3で論じた「引き裂かれる」感覚は，部分対象関係にある少年とともにいようとするときに，少年の分裂した「良い自己－良い対象」「悪い自己－悪い対象」の対象関係が，転移を通して投影されるために，処遇に携わる者が体験する「良い対象」と「悪い対象」に「引き裂かれる」感覚です。一方，ここで述べているのは，自らの価値観や規範意識等をめぐる思いと，少年を理解したい思いとの衝突によって「引き裂かれる」感覚であり，ことばにすれば同じでも，この両者は質的に異なります。

　ただし，質的に異なるとはいえ，いずれの場合においても少年の処遇に携わる者に求められるのは，「引き裂かれる」感覚を無視せずに，無理に統合しようともせずに，そのまま体験し保持することです。そして，その体験を保持しながら，少年を的確にアセスメントする作業が，処遇に携わる者の課題となるのです。

6.6　Iさんのこと（3）

　私は，6.5で考察した「引き裂かれる」感覚に襲われながら，初めて感情を表情に表し，「今」の自分の問題を伝え，また，「ヤケになったりしないかな」という私のことばを取り入れたIさんに接し，その心理的成長及び健康さは信頼できるものではないかと考えていました。より正確に言うなら，私がこのとき直面していた問題は，Iさんの心理的健康さを信頼できるかどうかではなく，そのようにアセスメントしている自分自身を信頼できるか否かということでした。

迷った末に，結局，私はPさんの話を持ち出さずに，この面接を終了しました。

　次の面接日までの間，私は自分の判断が適切だったのかと何度も自問自答していました。自分のアセスメントや判断に誤りがあり，少年の状況が不安定になるとしたならば，それは許されるものではないからです。

　第X＋2回面接では，面接室に入室するなり，Ⅰさんは，Pさんが地元に来ていると話し出しました。そして，「今日，ここに一緒に来たんだ」と述べたのです。

　私は，Ⅰさんが自分からPさんについて触れるとは思っておらず，まして，面接に同伴するとは想像すらしていなかったですから，心底驚きました。この行動には重要な意味があると感じ，私が「一緒に話そうか」と言うと，ⅠさんはPさんを面接室に連れてきました。

　三人での面接では，主にPさんが中学校時代にⅠさんと行った喫煙や無免許運転のことを懐かしそうに話し，Ⅰさんは相槌を打っていました。面接の後半になって，Pさんが自分自身も保護観察中であると言い，「俺，保護司に無断で結構こっちに来てるんだけど，ヤバイかな」と聞いてきたので，私は「それはまずいなあ」と応えました。

　第X＋3回面接において，Ⅰさんは，PさんがQ県に戻ったとの報告をしました。加えて，「最近，警察の人をよく見かける」とも話しました。私が「何でだろう」と聞くと，ボソッと「地元がちょっと荒れてるのかも」と言って，Ⅰさんは黙りました。

　「地元がちょっと荒れてるのかも」というⅠさんのことばを聞い

たとき，私は，第X＋2回面接にPさんを同伴した行動の背景には，Iさんが意識していたかどうかはわかりませんが，地元が荒れて自分もそれに巻き込まれることにどこかで危機感を感じ，抑止を図ろうとする思いがあったのではないだろうかと思いました。また，かつては，一緒に同じ行動（特に，悪い行動）をするという「gang-group」（保坂・岡村，1986, p. 21）としての関係が主であったであろうPさんを思いやり，私に〈とめてやってほしい〉という思いを抱いていたのではないかと考えました。

　私は，このような動きをとるようになっているIさんに，さらに信頼感を抱きました。そして，第X＋1回面接において，自分が，自らの価値観や規範意識等をめぐる思いと，Iさんを理解したい思いとの衝突によって「引き裂かれる」感覚を体験する中で下した判断，すなわち，当該面接ではPさんの話題を持ち出さないという行動の選択は誤りではなかったと思いました。さらに私は，自分が想像していた以上の力をIさんが有している（有するようになっている）ことに内心驚嘆しました。

　その後の面接におけるIさんの話の主要なテーマは，昔からうまくいっていない親との関係についてでした。

　Iさんは，当時，親との間で生じていたいくつかのトラブルを話し，親のことを攻撃的に語りながら，ときに「ヤケになって，メチャクチャやりたくなる」という自分を，何とかコントロールしようとしていました。何回かの面接を重ねた後に，Iさんは，過去の生活や親との問題を，静かに詳しく述べるようになりました。

　次第に，Iさんは，親への否定的な感情に振り回されずに過ごせ

るようになっていきました。仕事を見つけ職場に定着し，健全な人たちとの対人関係も広がって，Ｉさんの生活はかなり落ち着きました。

　私は，Ｉさんの保護観察はそろそろ必要ないのではないかと考え，本人の意向を尋ねてみました。すると，Ｉさんは，次のように言ったのです。

　「俺，運が悪いから，もう少し来る」

　このことばを聞いて，私は〈今や，保護観察は，Ｉさんの「御守り」になっているのだ〉と思いました。そこで，Ｉさんが御守りを必要としなくなるまで，もう少し待つことにしました。

　数か月の後，Ｉさんは「前は，誰かに少しでも注意とかされると，相手が誰でも立ち向かって喧嘩売ってた。最近は何か言われても聞き流せるよ」と言いました。また，「そろそろ一人でやれるかもしれない」とも述べました。そして，保護観察は法定の期間の満了前に解除となりました。

6.7　前記6.5の「引き裂かれる」感覚の体験の保持と少年への対応をめぐって

　6.5で述べたように，自らの価値観や規範意識あるいは役割意識等からくる思いと，少年を理解し受容したい思いが衝突したときに，処遇に携わる者に求められることは，自分の内面が「引き裂かれる」感覚の体験を保持しながら，少年を的確にアセスメントする作業です。

　もしも，問題となっている少年の言動の意味を理解でき，さらに，少年の心理的健康さを冷静に感じとり，それを信頼できたなら，そ

のとき生まれてくるのは,「問題行動を抑止しようとしてのことば」ではあり得ません。

　Iさんの事例について言えば,第X＋2回面接でのPさんを面接に同伴するという行動は,まさに求援助欲求の現れととらえられます。そして,それが処遇の担当者に受けとめられることを通して,Iさんは,自分とPさんを守ったと言えます。加えて,御守りであった保護観察を必要としなくなったとき,Iさんは自律的となり,すなわち,Freud（1923）が言う超自我・自我理想が内在化されるようになっていたと考えられます。換言すれば,当初,部分対象関係にあり,つまり,二者関係段階での心理的問題を抱えていたと推察されるIさんは,保護観察の経過の中で,全体自己・全体対象関係に至るまでの心理的成長を遂げたと言うことができます。

　一方,少年の自己（あるいは他者）破壊傾向が,その心理的健康さを凌駕している危険な状態だと保護観察官が判断するならば,その判断を少年に伝え,そして,保護のための然るべき措置を検討することとなります。その措置の中心は限界設定であり,そこには不良措置も含まれます。第5章で取り上げたHさんは,まさにこの場合にあたる事例です。

第7章
〈わからない〉ことを
〈わからないままに保持し続ける〉ことの意味
—— 自閉スペクトラム症が背景にあると考えられる事例をめぐって

7.1　はじめに

　本章で取り上げた事例については，今の私なら，ただちに自閉スペクトラム症があるのではないかと考えます。自閉スペクトラム症とは，2013（平成25）年に刊行されたDSM-5によって，それまでの広汎性発達障害とその下位分類であった自閉性障害やアスペルガー障害等が廃止され，これらを総称するものとして新たに採用された概念です（以下，原則として，DSM-5の改訂版であるDSM-5-TRに基づいた記述をします）。

　ただし，かつては，自閉スペクトラム症のある少年は，非行・犯罪という点では被害者である場合が圧倒的に多く，加害者になるのは極めて稀だと考えられていました。日本で，少年司法関係者をはじめとした専門家が，自閉スペクトラム症のある少年が加害者となることもあると認識し始めたのは，2000（平成12）年だったと私は記憶しています。

　この年にはまた，少年による，社会の耳目を聳動（しょうどう）するような事件がいくつか起こりました。私は，学生を含めた多くの人から，「なぜ，

このようなことが起こるのか」「何が原因なのか」と問われました。こうした質問には，予想を超える事態の発生に対する質問者の不安感がよく表れていると思われました。

　その後，精神鑑定において，これらの事件を引き起こした少年の中に，自閉スペクトラム症，当時は広汎性発達障害があると指摘された人がいたとの報道に接しました。

　私が保護観察官業務に従事していたのは1999（平成11）年までであり，その中で，自閉スペクトラム症（当時は広汎性発達障害）ということばを身近で聞く機会はありませんでした。私はその意味を正確に踏まえる必要性を思うとともに，そうしたことばや概念が一人歩きし，非行の直接的「原因」であるかのように誤解されていく可能性を危惧していました。

　なぜならば，これまでも，たとえば，SLD（限局性学習症）やAD/HD（注意欠如・多動症）という概念によって，少年による重大な事件の原因が論じられるといった歴史がありましたが，そのような「原因論」の展開が，かつて保護観察官として担当していた少年の理解や処遇に役立つことはなかったからです。

　そもそも，非行は何か特定の原因によるものではなく，その子どもの生物学的－心理的－社会的な様々な要因が絡まり合って生じる現象ですから，アセスメントにあたっては，多様な側面を踏まえた検討が求められます。

　その後発生したいくつかの少年事件をめぐって，自閉スペクトラム症が非行の原因であるかのように受けとれる意見や記述を見聞したとき，わかりにくい事態を何とかわかりやすく処理しようとする

動き，つまり，概念への逃避が生じているように，私には思えてなりませんでした。

　一方，自閉スペクトラム症ということばと出会ったことで，そのことばが指し示す，人のある特徴が自分の視野に入り，そして，これまでどのように考えても〈わからなさ〉が強く残っていた事例のいくつかを認識し直すことが可能となりました。その一つが，Jさんという少年の事例です。

7.2　Jさんのこと

7.2.1　私が担当保護観察官になるまでの経過

　Jさんは，窃盗と傷害事件を起こし，少年鑑別所収容を経て，保護観察処分の決定を受けた少年（17歳，男子）です。生育歴を見ると，家庭の複雑な事情もあって，Jさんは幼少の頃から居所を転々としており，そのたびに主たる養育者が変更されていました。中学校に入学する頃には，Jさんと実父母の連絡は途絶えており，その養育は遠縁のRさんが担っていました。

　Jさんの幼少期の情報は乏しかったのですが，小・中学校の教師から指摘されていたのは，落ち着きのなさ，聞きわけのなさ，孤立でした。級友からのいじめや養育者らからの叱責にあうと，Jさんが自分よりも弱い子どもをいじめることも少なくなかったといいます。

　中学校を卒業する頃，非行傾向のあるSさんという同級生が，Jさんに接近してきました。そのうちSさんは，「困っている，助けてくれ」と言って，Jさんに金銭の無心をし始めました。客観的には，

SさんがJさんを金蔓として利用しようとしていたのは明らかでした。しかしながら，Jさんはそうは考えなかったようで，Rさんの家から金銭を持ち出し，Sさんに渡すようになりました。Rさんがその行為をとがめると，Jさんは「友だちを助けるためにやった」と述べたといいます。行動を制止するRさんに対して，Jさんが暴力を振るうこともありました。

　Jさんの度重なる金銭の持ち出しと暴力に耐えかねたRさんが，「親子ではない，もう限界」と言うと，JさんはRさん宅を出て，Sさんのもとに行きました。しかし，Sさんからは「お前など相手にしていない」と言われ，冷たくあしらわれてしまいました。その直後に，Jさんは本件非行である窃盗と傷害事件を起こし，身柄を拘束されました。本件非行の被害者は，Jさんとは無関係の人でした。

　家庭裁判所の調査段階で，Jさんは本件非行の動機を「何となく」と語ったといいます。また，Rさんに対しては，Rさんがかつて述べたという「これからは私があなたの親だ」のことばを根拠に，「『親』は何があっても『子』を助けるものである」と言い，自分が与えた被害に思いを致すことはありませんでした。なお，鑑別結果によると，Jさんの知能は普通域にありました。

　審判でJさんは保護観察処分の言渡しを受けましたが，Rさんとの同居は困難であり，保護観察所の指導・助言によって，Jさんは住居付きの職場を見つけました。Jさんが転居した場所は，私の前任保護観察官が担当する地区でした。前任保護観察官からの引継ぎ時，Jさんについて，仕事を継続し保護司との接触も良好であるが，一旦自説を主張し始めると引かないために，職場での対人トラブル

が少なくなく，また，金銭面での計画性に乏しいとの話がありました。Jさんの生活をサポートする人の少なさもあり，その自立支援のためには，保護司の処遇と平行して，保護観察官の積極的関与が求められました。

7.2.2　私が担当保護観察官となった後の経過

　呼出しに応じて保護観察所に来所したJさんの言動は，私を非常に困惑させました。なぜなら，Jさんは，面接室の椅子に座るなり，戦国時代の武将T（以下，Tと記します）の話を一方的に話し続けたからです。Tに関するJさんの知識は，極めて豊富でした。Jさんのことばの中に，一般には使用されないような古い言い回しが混じっていたことも，私をとまどわせました。また，Jさんは身振り手振りを入れて話すのですが，そのジェスチャーはことばとそぐわず，不自然な印象を与えるものでした。私は困惑した表情をしていたと思うのですが，Jさんがそれを察知することはない様子でした。

　予定の時間がきたため，私が面接の終了を告げるとともに，今後，保護観察官面接を定期的（頻度や曜日・時間を固定）に行うと伝えると，Jさんは承諾しました。何かをやりとりした感覚が残らず，私には〈わからなさ〉とともに，相当の疲労感が残りました。

　Jさんの金銭感覚は，確かに甘いと言わざるを得ませんでした。Jさんの興味はTに限られていましたが，給料が入るとすぐに，そのほとんどをTに関する資料購入に費やしてしまうため，給料日前には食費にも事欠く状態でした。保護司が計画的に支出するよう指導しても，状況に変化はありませんでした。

私は，毎日，Jさんにその日の支出を記録してもらい，保護観察官面接で収支を検討してはどうかと考えました。次の保護観察官面接において，家計簿のようなノートを渡し，収支の記入を提案したところ，Jさんは了承しました。

　Jさんは，保護観察所への来所に際して，必ずそのノートを持参しました。ノートに記入することによって支出の総額を把握できたJさんは，その額の大きさに驚いていました。Jさんは色々と考えた末に，生活維持に必要な食費等の支出額を収入から先に引いて，残りをTに関する資料集めに使うという方法を「発見」（本人談）しました。しばらくの後には，貯金という「大変な出来事」（本人談）も成し遂げました。熱心にノートの検討をするようになったこともあってか，面接でJさんがTの話を一方的に話すという場面は，以前に比べると減少しました。

　その後の面接において，Jさんから，他者が比喩として使用していたことばを字義通りに受けとっていた可能性を強く疑わせるエピソードが，いくつか語られました。そのような話を聞くたびに，私は〈わからなさ〉を強く感じました。しかし，私は自分の〈わからなさ〉をわからないままに内面に保持し続けました。

　Jさんは，決して私との面接を無断で休みませんでした。所持金が乏しく電車の切符を購入できないときに，徒歩で数時間かけて保護観察所に来所したことがあったほどの律儀さでした。非行のある少年の事例では，他者との約束を守るようになることが処遇の目標の一つになる場合も少なくありませんから，約束の時間に必ず来所するJさんの行動も，困惑や〈わからなさ〉を覚える言動と同様に，

私の注目を引きました。

　仕事について言えば，雇用主の配慮によって対人接触の機会が少ない部署に配置転換されたことで，対人関係上のトラブルは激減しました。Jさんの勤務態度は良好でした。なお，Jさんがプライベートで交際する人はいませんでした。

　約2年後，異動のため，私はJさんの担当を離れることになりました。私との最後の面接で，Jさんは，これまでかかわってきた大人（保護司は除く）とは異なり，私がJさんの気持ちを尋ねる問いを一度も発しなかったのが「よかった」と述べました。そのような問いかけをされると，Jさんは混乱してしまうようでした。Jさんが，気持ちを尋ねないように後任の保護観察官に引き継いでほしいと要望したので，私は後任者にその旨を伝えました。

　後任保護観察官及び保護司の話では，その後もJさんは安定した生活を続け，問題を起こすことなく，保護観察は期間満了で終了しました。

　一方，私は，担当を離れた後も，自分が困惑し〈わからない〉と感じたJさんの言動を理解しようと試み続けました。しかし，長期にわたって，納得できる理解は得られませんでした。

7.3　自閉スペクトラム症を視野に入れた事例の再検討

　自閉スペクトラム症を視野に入れて再検討すると，Jさんには，その診断基準である「A　複数の状況で社会的コミュニケーションおよび対人的相互反応における持続的な欠陥」があることと，「B

行動，興味，または活動の限定された反復的な様式」（American Psychiatric Association, 2022, pp. 56-57）に相当する言動やエピソードが多く認められます。

　そのいくつかを具体的に挙げるなら，まず，学校時代の孤立やその後も認められる対人関係の乏しさ，他者への一方的な思い（たとえば，JさんはRさんを「親」で「何があっても『子』を助ける」と考えていましたが，Rさんは「親子ではない，もう限界」と思うに至っていたこと，SさんのことをJさんは「友だち」と考えていましたが，Sさんは「相手にしていな」かったこと）などがあります。また，私との面接では，一方的な話し方や，ことばとジェスチャーの不一致が見られました。さらに，一般には使用されないような古い言い回しが混じるなどのことばの使用，隠喩ではなくことばを字義通り受けとったと疑わせるエピソード等も挙げられます。これらは，「A　複数の状況で社会的コミュニケーションおよび対人的相互反応における持続的な欠陥」があることにあたります。加えて，私との面接の約束の順守，興味の関心はTに限られているがその知識は豊富だったことなどは，「B　行動，興味，または活動の限定された反復的な様式」に相応します。

　Jさんの事例では，幼少期の情報が不十分ですが，これらの言動やエピソードは，Jさんに自閉スペクトラム症があると疑わせるに足るものと言えます。

　ただし，Jさんに自閉スペクトラム症があったとしても，それが本件非行を直接引き起こしたと考えることはできません。自閉スペクトラム症等の神経発達症群の有無にかかわらず，非行の機序を理

解する上で何よりも注目すべき点は，第4章でも触れたように，自己肯定感の低さないし低下です。

　Jさんの場合，前述のように学校時代に自分よりも弱い子どもをいじめることも少なくありませんでしたが，このように弱いものに攻撃が向かうのは，自己肯定感の低さのサインだと考えられます。さらに，本件非行に至る前のエピソードを見てみると，Jさん特有の認知に基づいた他者への思い（Rさんは「親」で「何があっても『子』を助ける」，Sさんは「友だち」）が拒否され（Rさんは「親子ではない，もう限界」と言う，Sさんは「相手にしていない」と言う），自分と他者の間に大きな隔たりがあったという現実にさらされた末に，本件非行を起こしています。

　以上を踏まえると，もともと低いJさんの自己肯定感が，さらに低下したことが非行の大きな要因となったと解するのが妥当だと思われます。そして，自閉スペクトラム症は，Jさんの自己肯定感を低下させる背景因子を構成していたと考えることができます。

　保護観察処分決定後の生活について言えば，特に職場の配置転換後に対人接触の少ないシンプルな環境の中で過ごせたこと，保護観察でも面接頻度や曜日・時間の固定等の構造化がなされたことは，自閉スペクトラム症の治療原則とされる「環境の構造化」（神尾, 2001, p. 209）という点で，結果的に的確性を有していたことが明らかとなります。また，家計簿の導入は，収支を可視化させ，生活の枠組み作りに役立つ機能があったと考えられます。

　さらに，私は，自分自身の困惑や〈わからなさ〉を解消するための何かを求めてJさんに問いかけることはせず，〈わからない〉ま

まに内面に保持し続けました。私がJさんの気持ちを尋ねるような発言を全くしなかったことは、本人自身が私との最後の面接で述べたように、Jさんを必要以上の混乱から守ったと言えます。

　以上の通り、自閉スペクトラム症の視点の導入によって、Jさんを認識し直すことが可能となり、処遇の的確性が具体的にとらえられるようになります。

　一方で、私が行った、面接の頻度や曜日・時間の固定等の構造化や気持ちを直接尋ねることをしないなどのかかわりは、自閉スペクトラム症の有無にかかわらず、特別のものではありません。私はどの担当事例においても、原則として面接の頻度や曜日・時間を固定します。第4章でも述べたように、保護観察の処遇構造の明確化を含めた、予測可能で一貫した環境設定が少年にもたらす治療的意味の大きさを考えるからです。

　また、私は、気持ちを直接尋ねるというような内界探索的アプローチも、Jさんの事例に限らず、原則としてほとんどしたことがありません。相手が話していない感情について質問をする行為の意図がわからないからのみならず、そのような行為の侵襲性を危惧するからです。さらに、言語量が少ないケースであっても、これまで取り上げてきた事例に見られるように、少年は様々なメッセージを発しており、ことさら内界探索的なアプローチをしなくとも、意味あるやりとりの成立が可能です。そのようなやりとりを通して、本人の内界が生き生きすることのほうが大事だと私は考えています。

　そして、理解や対応が難しい事例であればあるほど、以上の原則が果たす治療的作用は大きいと言えます。また、対応困難なケース

で有効なかかわりの工夫は，問題がより複雑でないととらえられる事例においても有効だと思います。

　加えて，有益となり得る知識に接したとしても，援助者や少年の処遇に携わる者の中で，それに対する理解がまだ自分のものとして定着していない場合，不十分な知識に相手を当てはめ，相手の適切な理解が阻害される可能性があると私は危惧します。そのような危険性をできるだけ避けるためにも，〈わからない〉という感覚が生じたとき，早わかりをしようとせずに，その感覚を保つことが重要だと考えます。

　〈わからない〉と感じるとき，人は不安を覚えやすいものです。しかし，自分と他者は別個の存在であるという現実を踏まえると，そもそも，他者理解の努力には，〈わからない〉ことを〈わからないままに保持し続ける〉ことが常に伴うとの事実が，鮮明に意識化されます。

第8章
非行のある少年の被害体験をめぐって
── 被虐待体験を中心にして

8.1　はじめに

　これまで，本書では，保護観察所に来るような要保護性の高い少年を取り巻く環境は，不安定である場合が少なくないと繰り返し述べてきました。第4章で記した通り，その最たるものが児童虐待です。

　日本は，1989（平成元）年に国連総会において採択された「子どもの権利に関する条約」[*1]に，1990（平成2）年に署名，1994（平成6）年に批准し（効力発生：同年5月22日），さらに，2000（平成12）年11月に施行された「児童虐待の防止等に関する法律」（以下，児童虐待防止法といいます）によって，初めて児童虐待を法的に定義しました。具体的には，同法2条で，(a)身体的虐待，(b)性的虐待，(c)ネグレクト（養育放棄），(d)心理的虐待の4種が規定されています。

　その後，児童虐待防止法は何度か改正されていますが，2019（令和元）年6月の改正（2020［令和2］年4月施行）によって，親権を行う者は，児童のしつけに際して，体罰をすることが禁止されました。

*1　政府訳は「児童の権利に関する条約」です。

欧米諸国では，かねてから，数多くの研究を通して，児童虐待は後の非行や犯罪のリスクを高める要因の一つとなり得ると指摘されてきました。もちろん，すでに述べたように，児童虐待を受けた子どもが皆，非行や犯罪をするわけではありません。他方，児童虐待も非行・犯罪も重要な社会的問題であり，両者の関連の可能性を検討することは重要です。しかし，日本では，これを取り上げた研究はまだ乏しい状況にあります。

　非行のある少年の被虐待体験に関する日本の先駆的研究として，2000（平成12）年に法務省法務総合研究所が全国の少年院在院者（7月17日現在）を対象に行った調査が挙げられます。調査の結果，保護者から身体的暴力（軽度，重度），性的暴力[*2]（接触，性交［未遂も含む］），不適切な養育態度（ネグレクト）を繰り返し受けていた人の割合は，全体の約50%にのぼりました[*3]（法務省法務総合研究所，2001）。

　その後，羽間（2018）が，2015（平成27）年11月から2016（平成28）年1月までに全国の少年院在院者を対象に行った調査によると，分析対象者363人のうち，保護者から身体的虐待，性的虐待[*4]，ネグレクト，心理的虐待のいずれかを受けたと回答した人の割合は約60%でした。また，家族以外の第三者（友人，先輩，見知らぬ人等）からの，いじめや身体的暴力等の被害体験があると報告した人は，

─────────

*2　法務省法務総合研究所（2001）でいう「保護者」とは，父，母，祖父，祖母のいずれかです。
*3　心理的虐待は含まれません。
*4　羽間（2018）における「保護者」とは，児童虐待防止法2条が規定する保護者（親権を行う者，未成年後見人その他の者で，児童を現に監護するもの）を指します。

全体の約80％を占めました（羽間，2018）。

　本章では，非行のある要保護性の高い少年の被害体験について，特に被虐待体験を中心に考えていきたいと思います。

8.2　Kさんのこと

8.2.1　私が担当保護観察官となるまでの経過

　Kさんは，窃盗と車の無免許運転により身柄拘束され，少年鑑別所収容を経て，18歳のときに保護観察処分の決定を受けた少年（男子，有職）です。関係者や本人の話を踏まえ，私がKさんの担当保護観察官となるまでの経過をまとめると，次のようになります。

　Kさんの家庭は経済的に裕福でした。両親は知的レベルも高く，傍目には何の問題もない家庭のように見えました。Kさんは，いずれ社会的エリートとなることを期待された子どもでした。

　幼少期のKさんの生活や行動について，問題は特に指摘されていませんでした。しかし，Kさんが小学校に入学する前後から，詳細は不明ですが，両親が不仲になりました。そのうちに，父親は家にほとんど帰ってこなくなりました。母親は心理的に不安定となり，Kさんを家に置いて夜に外出したり，暴力を振るったりするようになりました。たとえば，外出しようとする母親をKさんが泣いて追うと，母親はKさんを殴りました。たまに帰宅する父親の関心は，Kさんの学業成績に限られていました。まもなく，Kさんは不登校気味になりました。

　Kさんによると，小学校4年生のある日，母親に「おなかがすいた」

と言ったところ，母親は「ごちゃごちゃうるさい！」と怒鳴ったといいます。そのとき，Ｋさんは大変な衝撃を受け，次第に母親を恨むようになったようでした。

　学校で，Ｋさんは孤立気味でした。ただし，級友に声をかけられれば，Ｋさんはついていきました。級友の誘いをきっかけとして，Ｋさんが万引き事件を起こしたり，他児に暴力を振るったりすることが何度かあり，次第に，Ｋさんは学校で問題児とみなされるようになっていきました。

　Ｋさんの体格が母親を上回るようになった中学校2年生の頃から，Ｋさんは母親を殴るようになりました。母親が助けを求めたため，以前よりは，父親が家に帰ってくるようになりました。父親はＫさんを説得したり，叱責したりしました。とはいえ，このような父親の対応によって，Ｋさんの母親への暴力が減少することはありませんでした。母親がその他の人や機関に相談しなかったためもあってか，家庭外の大人でＫさんに保護的にかかわる人はいませんでした。

　度重なるＫさんの暴力に疲弊した母親は，父親と話し合い，Ｋさんの進路として，全寮制の高校への入学を決めました。しかし，Ｋさんは，間もなく高校を中退しました。高校中退後，家に戻り，無為徒食の生活を送る中で，Ｋさんは本件非行である窃盗と無免許運転の事件を起こしました。家庭内暴力等の問題性もあることから，前任保護観察官の判断により，Ｋさんは保護観察官直接担当となりました。なお，少年鑑別所の所見では，Ｋさんは知的に普通域にあり，器質的な問題も認められませんでした。

　保護観察処分の決定後，Ｋさんは父親の知り合いが営んでいる職

場に住み込みで働くこととなりました。しかし，Kさんはその仕事を続けられませんでした。父親は「もう面倒を見切れない」と述べ，その後のかかわりを拒否しました。母親の家に戻ることは，Kさん自身が拒否しました。

　しばらくして，Kさんは自分でアパートを借り，就職先を見つけました。その転居先の地区を担当する私が，Kさんの担当保護観察官となりました。居住確認のみを保護司に依頼したところ，Kさんはその住所に居住していることが確認されました。

　私が担当したとき，Kさんは19歳になっており，保護観察期間は残り1年を切っていました。

8.2.2　私が担当保護観察官になった後の経過

　Kさんの保護観察の経過を読んで，私は困惑しました。なぜなら，Kさんは自分でアパートを借りたのですが，その資金をどこから調達したのかが不明だったからです。両親に聞いてみましたが，親が援助した事実はないとの話でした。

　手紙で，私が保護観察所への来所を促しても，Kさんの反応は全くありませんでした。Kさんは電話を持っていなかったため，私はKさんの職場に個人名を名乗って電話をしました。Kさんは明るい声で，職場に電話をするのは問題がないと言い，保護観察所に来所すると述べました。しかし，約束の日に，Kさんは連絡なく来所しませんでした。

　私は再度，Kさんの職場に電話をしました。Kさんは約束を「忘れてしまった」と言い，別の日なら来所できると述べました。とこ

ろが，やはりKさんは保護観察所に来ませんでした。私は，Kさん
は保護観察に何らかの抵抗感を抱いているのだろうかと考えていま
した。

　何度か電話のやりとりをした後に，ようやくKさんは保護観察
所に来所しました。Kさんの話を聞き，私は，Kさんが保護観察に
抵抗しているわけではなく，約束というものを本当に忘れてしまう
ようだとわかりました。なぜなら，仕事でも上司の指示や仕事の相
手先との約束を忘れて，指導や苦情を受けることが多いとKさん
が話したからです。また，Kさんは，仕事の材料を使いやすく整理
できず，必要なものを探すのにかなり時間を使ってしまうとも語っ
ていました。

　私が郵送した来所を促す手紙を，Kさんは読んでいませんでした。
Kさんは「そんな手紙来てたんですか，知らなかった」と述べまし
た。私が手紙に気がつかなかった理由を聞くと，Kさんはほとんど
ポストを開けず，開けたとしても中身を取り出すだけで読まないと
言いました。私は，光熱費の支払いをしているのかどうかが気になり，
Kさんに尋ねました。すると，Kさんは困惑した表情で「わからない」
と答えました。私は光熱費の請求が来ているはずであり，支払わな
いといずれ止められてしまうことを説明しました。Kさんは，興味
のなさそうな表情で私の話を聞いていました。

　以上のエピソードが示すように，Kさんは身辺的自立がほとんど
できていない少年でした。Kさんは，生活していく上で必要な知識
をほとんど獲得していませんでした。Kさんの場合，小学校入学前
後から両親の関係が不安定になり，さらに，母親から身体的暴力や

ネグレクト等の虐待を受け，学校も不登校気味で，身辺的自立のための教育やその機会が不十分だったのではないかと思われました。

　私は，Kさんの了解を得て，面接の約束時間の少し前に職場に電話をするようにしました。それでも，Kさんが約束通りに来所することは，あまりありませんでした。

　アパートを借りる資金をどのように調達したのかを，Kさんはなかなか言いませんでした。後日になって，消費者金融のようなところから借りたとKさんは認めました。毎月の支払額は給料の半分を超えていました。さらに家賃と光熱費を引くと，自由になる金銭はほとんどありませんでした。実際，光熱費の支払いは滞っており，このままでは生活が破綻するのは目に見えていました。

　私が途方にくれていると，Kさんは「気合で何とかする」と述べました。私が「気合で何とかできることと，できないことがある」と言うと，Kさんは「何とかしますよ」と言ってイライラした表情をするだけでした。私は，Kさんに，母親に援助を依頼してはどうかと打診しましたが，Kさんはかたくなに拒否しました。Kさんは「自分には母はいない」と述べ，先述した小学校4年生のときのエピソードを淡々と語りました。

　面接室で話し合っているだけでは事態の解決には結びつかないように思われ，私は「生活する」ということを，体験を通して，Kさんに少しでも感じとってもらったほうがよいのではないかと考えました。そこで，Kさんに光熱費の支払いの方法を知っているかを尋ねてみました。予想通り，Kさんは振込みの方法を知りませんでした。私は，Kさんを連れて面接室の外に出ました。郵便局等へ行き，

Kさんに振込みの方法を教えました。アパートを借りるために作った借金も，少しずつ返済するよう働きかけました。私は，Kさんが眠そうであっても，面倒くさそうな表情をしていても，毎月末には郵便局等に連れて行き，振り込みをするよう促しました。

ほかにも，Kさんに何か問題が生じた場合には，私はいくつかの方策を提示した後に，実際にKさんを連れて面接室の外に行き，解決するための手続を体験してもらいました。

Kさんは，社会の仕組みを知ることを本人なりに楽しんでいるようでした。しかし，保護観察期間中に，自ら，たとえば光熱費の支払いをするまでには至りませんでした。Kさんが自律的に生活するには，かなり長い時間が必要だと思われました。

面接では，Kさんが「今なら，母親の苦労もわかる気がする」と述べる場面も見られるようになりました。自分が振るっていた暴力を「悪かった」とKさんは言い，「当時は，自分の気持ちをことばにすることができなかった」とも語りました。

最終的に，Kさんは自分の生活がこのままでは破綻すること，母親に援助を求めなければ打開策はないことを自覚しました。Kさんは母親に連絡をとり，援助を依頼しました。母親はKさんの窮状に驚き，援助することになりました。私との面接を通して，母親は，Kさんには生活レベルでの知恵と教育が不足していると理解しました。Kさんは母親のもとに戻り，まもなく保護観察は期間満了となりました。

Kさんがその後，違法行為を起こすことはなかったようでした。

8.2.3 被虐待体験がKさんに与えた影響をめぐって

　ここで，被虐待体験がKさんに与えた影響について，心的発達の観点から検討していきます。

　まず，小学校入学前後から両親の関係が不仲になり，母親から虐待を受けたことは，Kさんを非常に混乱させ，そのこころを不安定にさせたと考えられます。さらに，小学校4年生のときにKさんが「おなかがすいた」と母親に言ったエピソードは，Freudの心的発達論によれば，まさに「口唇愛的」（Freud, 1905b 懸田・吉村訳 1969, p. 59）な欲動の現れと言えます。しかし，そこで返ってきたのは，「ごちゃごちゃうるさい！」という母親の怒鳴り声であり，すなわち拒否でした。生存と甘えに対する拒否です。

　小倉（2006）は，小学校3〜4年生くらいの子どもは「親と自分とは本質的に別の存在であると思考するようになる」（p. 450）としています。その指摘と，Kさんが上記のエピソードを語りながら「自分には母はいない」と述べたことを踏まえると，このときKさんのこころの中で母の不在が鮮明になり，環境からの愛情の供給の連続が中断されたことによって生じた「裂け目（gap）」（Winnicott, 1965, p. 104）が，顕わになったのではないかと考えられます。

　そして，母親への「恨み」（本人談）から生じていたKさんの家庭内暴力には，同時に，段ることで，母の手応えを得ようとしていたという意味も含まれていたととらえられます。しかし，身体が成長し，暴力が深刻な状態になってしまった場合，その中に含まれる母への希求を汲みとることは，極めて困難と言わざるを得ません。

　保護観察処分の決定後，Kさんは，父親が手配した職場を辞めた

ために、父親に拒否され、母親との同居は自分から拒否し、現実にも母が不在の中、一人で生きていくことを志向しました。しかしながら、これまで身辺的自立への教育が不十分だったKさんの自立は難しく、結局、Kさんは母親のもとに戻りました。

なお、Kさんの忘れっぽさや段取りの悪さなどを見ると、AD/HDがあるのではないかとの疑いも生じます。その可能性は否定できませんが、Kさんの幼少期について、注意欠如や落ち着きのなさなどを示唆する情報はなく、その意味で12歳以前の情報が不足しています。また、少年鑑別所の資質鑑別においても、AD/HDの可能性は指摘されていませんでした。何よりも、Kさんの身辺的自立の不十分さや生活する上での知識の乏しさは、AD/HDでは説明しきれないほどのものでした。

ここで、保護観察がなし得たことを敢えて挙げるなら、Kさんの無理な自立の試みを破綻する前に止め、さらに、Kさんが保護なき環境ではまだ生きていけないことを、本人自身も、そして母親も、理解するに至る働きかけをした点かと思われます。また、面接で「今なら、母親の苦労もわかる気がする」「当時は、自分の気持ちをことばにすることができなかった」と述べるなど、母親や自分を少しでも対象化できたり、母親に直接援助を求められたりしたことは、Kさんの成長だと言えます。

しかし、保護観察に与えられた時間は限られており、Kさんが抱えていた生活能力の問題や、愛情剥奪（Winnicott, 1956, 1965）に由来する心理的問題の修復は、大きな課題として残されました。

8.3　Lさんのこと

8.3.1　審判で保護観察処分の決定がなされるまでの経過

　Lさんは，虞犯で補導され，少年鑑別所収容を経て，保護観察処分の決定を受けた少年（17歳，女子，無職）です。[*5]

　以下，Lさんが保護観察処分となるまでの経過を，本人と家族ら関係者の話を踏まえてまとめます。

　Lさんは，両親及び年上のきょうだいと暮らしていました。小学校に入学するまでのLさんは身体が弱く，母親はLさんの世話に手をとられました。また，当時，親戚が病気になり，母親はその看病もしなければなりませんでした。家庭に関して，父親は母親任せで，母親はLさんのきょうだいに十分な手をかける余裕がありませんでした。Lさんはお母さん子で，なかなか母親から離れようとしませんでした。

　Lさんが小学校1年生のとき，とても大事にしていたぬいぐるみが，何者かに八つ裂きにされました。Lさんは大変なショックを受けたといいます。Lさんによれば，「まるで自分が殺されたかのように思った」とのことでした。Lさんは，長い間，そのずたずたになったぬいぐるみを手放せませんでした。ぬいぐるみを八つ裂きにしたのは，きょうだいでした。

　小学校1年生の頃まで，Lさんは引っ込み思案な子どもだったそ

---

*5　初版ではLさんの年齢を18歳としていましたが，17歳に変更しました。2021年法改正により18歳・19歳の人は虞犯の対象から除外されたことに加え，年齢の変更は本事例の本質に影響を及ぼさないと考えられたためです。

うです。しかし，小学校2年生のときに仲良くなった子が活発だったため，Lさんの性格も積極的になっていきました。Lさんの身体の調子が悪くなることも少なくなりました。その変化と同時に増加したのは，Lさんに対するきょうだいからの暴力でした。両親は，きょうだいからの暴力に気づいても，それを制止しませんでした。

中学校に入り，Lさんはある運動の部活動に打ち込んでいましたが，2年生のときに怪我をして，退部を余儀なくされました。その後，Lさんの生活は乱れました。具体的には，Lさんは不良交友，バイクの無免許運転等の問題行動を繰り返すようになりました。

Lさんの行動に対して，母親は自分で指導しようとはしませんでした。その代わりに，母親は，Lさんの問題行動をやめさせてほしいときょうだいに依頼したといいます。きょうだいのLさんに対する暴力は，さらに激化しました。きょうだいからのLさんへの暴力に対して，両親は見て見ぬふりでした。怪我をするほどの暴力を受け，Lさんがきょうだいや母親に抗議すると，一転して母親はきょうだいにLさんへの謝罪をさせました。

Lさんは「親でもないのになぜきょうだいが私を止めるのか」「母はずるい。自分ではやらずに，きょうだいに暴力を振るわせる。何かあると逃げる。態度がころころ変わる」と反発し，その行動は改まりませんでした。

高校入学後，Lさんには恋人ができました。Lさんは恋人に夢中でした。しかし，半年も経たないうちに，Lさんは恋人に裏切られてしまいました。さらに，この頃，Lさんが可愛がっていたペットが死にました。Lさんは自暴自棄になり，その生活はさらに乱れま

した。違法薬物の使用や自傷行為も見られました。高校を中退した後，Lさんは虞犯で補導され，保護観察処分の言渡しを受けました。

家庭裁判所は対人関係の不安定さをLさんの問題として指摘しました。その指摘を踏まえ，私はLさんを直接担当することにしました。

8.3.2 保護観察開始後の経過

初回面接でのLさんは協力的で，私の質問にスムーズに答えました。Lさんは保護観察官直接担当と，保護観察所での毎月2回の面接を了承しました。また，「二度と鑑別所には行きたくない，一人きりには耐えられない」と述べるなど，Lさんが自分の生活を立て直したい思いを有していることも伝わってきました。

ただし，Lさんの声は独特でした。Lさんの声は，ブリキ板を叩いた音のように深みがなく，情緒が伴っていませんでした。加えて，Lさんは顔を私に向けて話しているのですが，その音声は空気の中に浮遊してしまう感じで，他者（ここでは私）に届くように発せられているようには思えませんでした。私はLさんの対象不在を強く思いました。つまり，Lさんがしっかりとつながっている他者の存在を感じられなかったのです。そこで私は，Lさんとの関係が続くことを保護観察処遇の第一の目標としました。

その後のLさんは，当初の数回は約束通りに保護観察所に来所したものの，次第に，連絡なく不来所を繰り返すようになりました。私は，そのたびに，Lさんに来所を促す簡単な手紙を出しました。[6]

---

*6　手紙を出すのは，役所からの連絡であるからです。加えて，電話やSNSに比べ，手紙は侵襲性が低く，距離を一定に保つことができるという利点があります。

何度か手紙を出すと，ようやくＬさんは保護観察所にやってきました。私は，Ｌさんの連絡なしの不来所をとがめることを，敢えてしませんでした。なぜなら，不来所は長期にはわたらず，手紙に反応がないわけでもなく，さらには，対人関係が不安定なＬさんが，約束通りに来所を続けるとは考えていなかったからです。とはいえ，気まぐれに来所するＬさんを待ち続けるのには，忍耐が必要でした。

　面接で，Ｌさんは，高校時代の恋人をはじめ，他者に裏切られてきたエピソードをいくつか語りました。しかし，深刻な話を語るときでも，Ｌさんの話し方は軽い調子で，話の内容と音声が乖離しているように思われました。

　また，保護観察開始後，Ｌさんは違法な行動をとることはありませんでしたが，繁華街に友人と行き，被害者になりかけるような危険な遊びを繰り返していました。私は，毎回，はらはらしながらＬさんの話を聞きました。ただし，Ｌさんは，ぎりぎりのところで自分の身を守っていました。そのように自分の身を守っているＬさんには，微かな心理的健康さが感じられ，その認識が何とか私を支えました。

　初回面接から半年以上が経過した頃，Ｌさんは「遊びがおもしろくない」と言うようになりました。そして，Ｌさんは少しずつ，きょうだいとの葛藤を，感情が伴う語り口で話すようになっていきました。私は，かつては乖離していたＬさんの内面がつながりつつあるように思っていました。加えて，Ｌさんの同胞葛藤の話の中に，恨みの感情が含まれていないことが私の注目を引きました。

　しばらくして，Ｌさんは就職しました。それまで昼夜逆転してい

た生活から，朝起きて仕事に行く生活へ移行するのは，Ｌさんにとって大変なことでした。職場への遅刻もありましたし，「まじめな生活って，やっぱりあんまりおもしろくない」とＬさんが述べることは少なくありませんでした。一方で，不安そうな表情で，Ｌさんが「仕事が続くといいな」とつぶやく場面も見られました。私はさりげなく，Ｌさんの努力を褒めました。

　次第に，職場で仕事ぶりが認められ，Ｌさんは自信をもてるようになったようでした。取引先からの評判も良く，Ｌさんは職場になくてはならない人となっていきました。

　毎日職場に通うことが当たり前になった頃には，Ｌさんは約束通りに保護観察所に来所するようになりました。Ｌさんは「仕事をするようになって初めて，約束を破ると相手に迷惑かけるってことがわかった」と述べました。私との関係は安定しました。また，Ｌさんの声も深みのあるものに変わっていました。

　その後，他者との関係で，Ｌさんが深く傷つくようなトラブルが起こりました。このときが，保護観察開始後のＬさんの生活における最大の危機でした。Ｌさんの落ち込みは長く続きました。しかし，以前と異なり，Ｌさんは自暴自棄にはなりませんでした。「ヤケになってまたメチャクチャやろうかとか思ったけど，何にもならない，馬鹿らしいと思ってやめた」とＬさんは話していました。今やＬさんは，困難にあっても自分を傷つけることなく，やり過ごす力を身につけたのでした。

　保護観察が終了する前に，Ｌさんは，家族や自分に対する思いを静かに語りました。Ｌさんは，きょうだいから暴力を受けていた頃

は「毎日，生きるか死ぬかって感じで辛かった」と述べました。一方で，Lさんは「きょうだいは私に母を独り占めされてすごくやきもちを焼いていたんだと思う」「（きょうだいに暴力を振るわせて）母はずるいと思うけど，いつも色々忙しそうだったし，私もわがままだったから，手に負えなかったんだと思う」などとも話しました。

Lさんは，保護観察について，「最初は何なのかよくわからなかった。でも，私が約束を破っても，（保護観察官は）怒らなかった。怒られたら逃げ出してたと思う。それと，小さいことでも褒めてくれたのは，今まで褒められることがなかったからうれしかった。色々な相談とかできるようになって，（保護観察が）何なのかがわかるようになった」と言いました。

そして，まもなく保護観察は期間満了となりました。その後，Lさんは違法行為をすることなく，安定した生活を続けたようでした。

8.3.3 被虐待体験がLさんに与えた影響をめぐって

Lさんに対するきょうだいからの暴力は激しいものでした。特に，小学校1年生のときに大事にしていたぬいぐるみを八つ裂きにされたエピソードは，本人が述べたように，自分自身が殺されたかのようなショックをLさんに与えました。

Lさんの事例では，保護者からの直接的な暴力行為はありませんでした。しかし，きょうだいによる暴力を両親が制止することはなく，さらに，中学校2年生のときにLさんの生活が乱れてからは，母親はきょうだいの暴力を黙認していました。このような両親の対応は，保護者以外の同居人であるきょうだいによる児童虐待と同様の行為

の放置となり（児童虐待防止法2条3項），ネグレクトに該当します。

　加えて，Lさんは，高校入学後，恋人に裏切られペットが死ぬなど，対象喪失を立て続けに体験しています。高校生くらいの年齢になると，子どもは自分とは何かという問いに直面しますが（小倉，1996），Lさんは，このとき，自分はどうでもいい存在だと感じざるを得なかったのではないかと思われます。だからこそ，Lさんは自暴自棄となったのだと理解できるからです。

　保護観察処分の決定後，特に半年が過ぎてからのLさんは，就職し，周囲に認められて自信をつけ，さらに，生活上で大きなトラブルが発生しても自分を傷つけることなくやり過ごす力を身につけました。そこに至るまでのLさんの努力はかなりのものでした。友人，職場の同僚・上司らのサポートもありましたが，Lさんの改善更生は，本人の努力の結果です。そして，その努力が実現する基盤となったのは，小学校入学以降は虐待を受け，自分はどうでもいい存在だとの思いを抱くに至っていたと考えられるとはいえ，幼少期にLさんが母親の愛情を独占したために獲得できた基本的な自己価値感ではないか，と私は考えます。保護観察開始後，Lさんが危険な遊びを繰り返しつつも自分の身を守っていたことは，その現れと解されます。保護観察の面接でLさんが語った家族への思いの中に，恨みの感情が含まれていなかったことも，その証左としてとらえられると思います。

　保護観察について言えば，私は，Lさんの心理的健康さを的確に見立てようとするとともに，当初，連絡なく来所しないことがあったLさんを叱らず，来所を促す手紙を出して待ち続けました。また，

Lさんの努力を，たとえ小さなものであっても，認めました。これ
らの私の対応は，本人が保護観察終了前に語ったように，Lさんを
保護観察から離脱させず，さらに積極的にLさんを支えたと言うこ
とができます。

8.4　非行のある少年の被害体験をめぐって

　KさんもLさんも，非行があり，同時に被虐待体験のある少年で
した。また，羽間（2018）も示唆するように，保護観察所に来る少
年の多くは，被虐待体験に限らず，いじめにあうなど様々な被害体
験を重ねています。

　ただし，ここで述べたいのは，非行のある少年もかつては被害者
だったということではありません。そうではなくて，少年に被害体
験がある場合，発達のどの時期にどのような被害を体験したのか，
それが当の子どもにどのような影響を与えたのか，本人がそれをど
のように受けとめているのかなどを踏まえた的確なアセスメントが，
処遇上非常に重要だということです。

　そして，非行のある少年の処遇に携わる者には，その非行や問題
行動だけに目を奪われず，それぞれ固有の歴史を有する存在として，
発達の観点から少年をとらえ，その上で，一人ひとりにとって必要
な処遇とは何なのかを，丁寧に検討することが求められると言えます。

　なお，時々，非行のある少年の被害体験を，「処遇の中で直接扱
うべきか否か」という質問をされることがありますが，私は，この「直
接扱うべきか否か」という質問自体に疑問を感じる旨を質問者に伝

えます。

　もちろん，処遇が進むにつれ，KさんやLさんの事例に見られるように，被虐待体験等の被害体験について少年が語ることはあり得ます。過去の振り返りを通して，少年の自己理解や内省が進む場合もあります。また，すでに述べた通り，被害体験のある事例において，処遇に携わる者が，その体験の影響の吟味を踏まえ，適切なアセスメントの努力を続けることは必要不可欠です。しかし，被害体験に触れるか否かは，少年に委ねられていることであって，処遇を担当する者が決めることではありません。

　加えて，そもそも，少年の被害体験を直接扱うか否かと考えた時点で，すでに処遇を担当する者は，少年のある部分に注目しアプローチしようとしているわけですから，治療的面接で極めて重要な「差別なく平等に漂わされる注意」（Freud, 1912b 小此木訳 1983, p. 79）の実現は困難となります。注意深くない性急な直面化は，少年を混乱させ，自傷や更なる非行等の行動化を招く危険も少なくありません。

　さらに踏み込んで言えば，非行のある少年の改善更生を図る保護観察処遇においては，とりわけ矛盾するように聞こえるかもしれませんが，変化を強要する場面では変化は生じないと私は考えています。その認識のもとで少年とともにいようと模索するとき，処遇を担当する者は，内面に格闘に近い葛藤が渦巻いたり，第6章で述べたような「引き裂かれる」感覚の体験に襲われたりします。そうした葛藤や体験を保持しつつ，処遇の担当者がより的確なアセスメントを試みる中で，発せられることばや選択される対応でなければ，少年

には届かないと私は確信しています。そこで発せられたことばや選択された対応は，結果的に，直面化や解釈の投与等と解されることがあるかもしれません。しかし，処遇の担当者自身，そして担当者と少年との関係を離れたものであるならば，技法は，害になることはあれ，役には立たないのです。

資料編

［資料1］
少年非行の現状

　少年非行は，近年，増加している，凶悪化している，低年齢化しているなどととらえられていることが多いようですが，ここで，犯罪白書（法務省法務総合研究所, 2022）のデータを踏まえて，非行の現状を概観しておきたいと思います。

　戦後の少年非行の推移は，刑法犯[*1]と特別法犯[*2]に分けて見ていくのが通常です。図4で，戦後の1946（昭和21）年から2020（令和2）年までの，少年による刑法犯，危険運転致死傷及び過失運転致死傷等の検挙人員（触法少年の補導人員を含む）と少年人口比の推移を示しました。ここでいう少年人口比とは，10歳以上20歳未満の少年10万人あたりの検挙人員です。少年による刑法犯，危険運転致死傷及び過失運転致死傷等の検挙人員ならびに人口比は，2004（平成16）年から減少の一途をたどっています。近年の日本における子どもの人口の減少を考慮しても，それらの減少は顕著です。

　図5は，1956（昭和31）年から2020（令和2）年までの，少年特別法犯（道路交通法等の交通法令違反を除く）の検挙人員の推移を示

＊1　犯罪白書でいう刑法犯とは，刑法及び10の特別刑法に規定する罪で，後者には暴力行為等処罰法や盗犯等の防止及び処分に関する法律等が含まれます。
＊2　犯罪白書では，上記注1の刑法犯と，危険運転致死傷及び過失運転致死傷等以外の罪を特別法犯といいます。

図4 少年による刑法犯・危険運転致死傷・過失運転致死傷等の検挙人員・少年人口比の推移（1946-2020年）

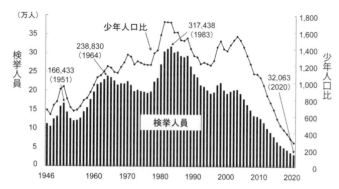

注1）警察庁の統計，警察庁交通局の資料及び総務省統計局の人口資料による．
注2）犯行時の年齢による．ただし，検挙時に20歳以上であった者は除く．
注3）触法少年の補導人員を含む．ただし，1970年以降は，過失運転致死傷等による触法少年を除く．
注4）「少年人口比」は，10歳以上の少年10万人あたりの検挙人員である．ただし，2020年の人口比は，2019年10月1日現在の人口を使用して算出した．

したものです。少年特別法犯検挙人員の総数は，1983（昭和58）年をピークに減少傾向にあります。罪名別に見ると，1972（昭和47）年から薬物犯罪が増加し大きな比率を占めていましたが，薬物犯罪は近年低下傾向にあります。ただし，薬物犯罪は，犯罪の中でも暗数が多いものの一つですから，検挙人員の減少がすなわち違法薬物使用の減少を反映しているとは必ずしも言えません。

　なお，道路交通法違反取締件数は，1985（昭和60）年の193万8,980件をピークに減少し，2020（令和2）年は12万4,077件でした。

　図6は，2001（平成13）年から2020（令和2）年までの虞犯の家庭裁判所終局処理人員の推移を示したものです。虞犯の家庭裁判所終

図5　少年による特別法犯検挙人員の推移（1956-2020年）

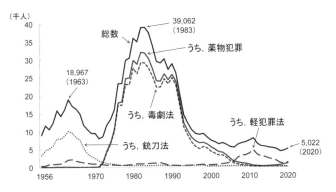

注1）警察庁の統計による．
注2）犯行時の年齢による．
注3）触法少年を含まない．
注4）「薬物犯罪」は，覚醒剤取締法，大麻取締法，麻薬取締法，あへん法及び毒劇法の
　　各違反をいう．
注5）2003年までは道路交通法，保管場所法，道路運送車両法及び自動車損害賠償保障
　　法違反（1961年までは道路交通取締法違反を含む．）を除き，2004年以降はさらに
　　道路運送法等の10の交通法令違反を除く．

図6　虞犯の家庭裁判所終局処理人員の推移（2001-2020年）

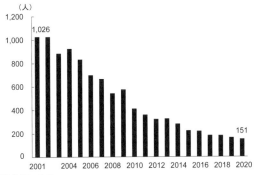

注1）司法統計年報による．
注2）所在不明等による審判不開始及び不処分を除く．

局処理人員は減少しており，2020（令和2）年は151人でした。

　さらに，少年による凶悪犯の推移について見てみます。どのような非行を凶悪とみなすかは議論が分かれますが，図7では，凶悪犯とされるもののうち，殺人事件と強盗事件について，1946（昭和21）年から2020（令和2）年までの推移を示しました。強盗事件は2003（平成15）年をピークに減少傾向にあります。また，少年による殺人事件が最大だったのは，1951（昭和26）年と1961（昭和36）年の448件で，その後減少し，2020（令和2）年は51件でした。

　非行少年の低年齢化については，これを裏付けるデータは見当たりません。なお，犯罪白書に非行少年率というデータがあります。これは，各年度において，12歳から19歳までの各年齢の少年10万人あたりの刑法犯検挙（補導）人員を指します。初版ではこのデータを引用しましたが，年度によって変動が大きいことを確認したため，ここから低年齢化等を導き出すのは困難だと考えます。

　2020（令和2）年における少年刑法犯の罪名別内訳を示したのが図8です。刑法犯（計2万2,990人）では，窃盗が54.4%，傷害が8.8%，横領が8.0%であり，これらが全体の7割以上を占めています。ちなみに，横領の大部分は放置自転車等の遺失物等横領です。なお，2020（令和2）年の少年刑法犯のうち，女子の占める割合は16.1%でした。また，虞犯における女子比は27.8%でした。

　図9で，1949（昭和24）年から2020（令和2）年までの保護観察処分少年と少年院仮退院者の保護観察開始人員の総数の推移を示しました。図中の短期保護観察と交通短期保護観察は，保護観察処分

図7 殺人・強盗の少年検挙人員の推移（1946-2020年）

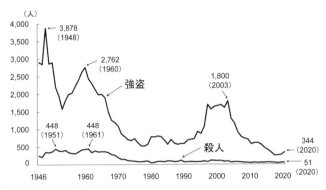

注1）警察庁の統計による.
注2）犯行時の年齢による.
注3）触法少年の補導人員を含む.

図8 少年による刑法犯 罪名別構成比（2020年）

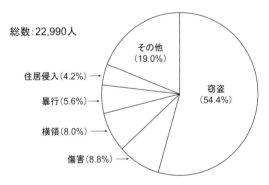

注1）警察庁の統計による.
注2）犯行時の年齢による.
注3）触法少年の補導人員を含む.

図9　少年の保護観察開始人員の推移（1949-2020年）

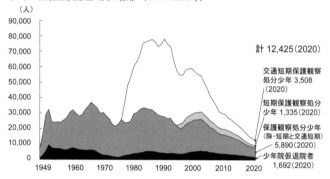

注1）保護統計年報による.

注2）「交通短期保護観察」及び「短期保護観察」については,それぞれ制度が開始された1977年,1994年以降の数値を計上している.

少年のうち,家庭裁判所の処遇勧告を受けて実施されるものです。[*3]少年の保護観察新規受理人員は,1990（平成2）年をピークに減少し,2020（令和2）年には合計1万2,425人でした。なお,2020（令和2）年に新規に受理した保護観察処分少年ならびに少年院仮退院者の男女別・非行名別構成比のうち多いものを三つ挙げると,保護観察処分少年では男女ともに,窃盗が最も多く,次いで,道路交通法違反,傷害の順でした。少年院仮退院者においては,男子は窃盗が最も多く,次いで,傷害,詐欺であり,女子は最も多かったのが窃盗である点は同様ですが,2番目は虞犯,3番目は覚醒剤取締法違反の順でした。

＊3　短期保護観察は,交通事件以外の非行による保護観察処分少年のうち,非行性の進度がそれほど深くなく,短期間（おおむね6か月以上7か月以内）の保護観察によって改善更生が期待できる人を対象とし,1994（平成6）年から実施されています。交通短期保護観察は,交通事件による保護観察処分少年のうち,一般非行性がないか,又はその進度が深くなく,交通関係の非行性も固定化していない人を対象とし,1977（昭和52）年から実施されています。保護観察の実施期間は,原則として3か月以上4か月以内です。

［資料2］

少年法

（昭和23年法律第168号）

最終改正：令和3年法律第47号

第1章　総則

（この法律の目的）

第1条　この法律は，少年の健全な育成を期し，非行のある少年に対して性格の矯正及び環境の調整に関する保護処分を行うとともに，少年の刑事事件について特別の措置を講ずることを目的とする。

（定義）

第2条　この法律において「少年」とは，20歳に満たない者をいう。

2　この法律において「保護者」とは，少年に対して法律上監護教育の義務ある者及び少年を現に監護する者をいう。

第2章　少年の保護事件

第1節　通則

（審判に付すべき少年）

第3条　次に掲げる少年は，これを家庭裁判所の審判に付する。

　一　罪を犯した少年

二　14歳に満たないで刑罰法令に触れる行為をした少年

三　次に掲げる事由があつて，その性格又は環境に照して，将来，罪を犯し，又は刑罰法令に触れる行為をする虞のある少年

　イ　保護者の正当な監督に服しない性癖のあること。

　ロ　正当の理由がなく家庭に寄り附かないこと。

　ハ　犯罪性のある人若しくは不道徳な人と交際し，又はいかがわしい場所に出入すること。

　ニ　自己又は他人の徳性を害する行為をする性癖のあること。

2　家庭裁判所は，前項第2号に掲げる少年及び同項第3号に掲げる少年で14歳に満たない者については，都道府県知事又は児童相談所長から送致を受けたときに限り，これを審判に付することができる。

（判事補の職権）

第4条　第20条第1項の決定以外の裁判は，判事補が1人でこれをすることができる。

（管轄）

第5条　保護事件の管轄は，少年の行為地，住所，居所又は現在地による。

2　家庭裁判所は，保護の適正を期するため特に必要があると認めるときは，決定をもつて，事件を他の管轄家庭裁判所に移送することができる。

3　家庭裁判所は，事件がその管轄に属しないと認めるときは，決定をもつて，これを管轄家庭裁判所に移送しなければならない。

（被害者等による記録の閲覧及び謄写）

第5条の2　裁判所は，第3条第1項第1号又は第2号に掲げる少年に係る保護事件について，第21条の決定があつた後，最高裁判所規則の定めるところにより当該保護事件の被害者等（被害者又はその法定代理人若しくは被害者が死亡した場合若しくはその心身に重大な故障がある場

合におけるその配偶者，直系の親族若しくは兄弟姉妹をいう。以下同じ。）又は被害者等から委託を受けた弁護士から，その保管する当該保護事件の記録（家庭裁判所が専ら当該少年の保護の必要性を判断するために収集したもの及び家庭裁判所調査官が家庭裁判所による当該少年の保護の必要性の判断に資するよう作成し又は収集したものを除く。）の閲覧又は謄写の申出があるときは，閲覧又は謄写を求める理由が正当でないと認める場合及び少年の健全な育成に対する影響，事件の性質，調査又は審判の状況その他の事情を考慮して閲覧又は謄写をさせることが相当でないと認める場合を除き，申出をした者にその閲覧又は謄写をさせるものとする。

2　前項の申出は，その申出に係る保護事件を終局させる決定が確定した後3年を経過したときは，することができない。

3　第1項の規定により記録の閲覧又は謄写をした者は，正当な理由がないのに閲覧又は謄写により知り得た少年の氏名その他少年の身上に関する事項を漏らしてはならず，かつ，閲覧又は謄写により知り得た事項をみだりに用いて，少年の健全な育成を妨げ，関係人の名誉若しくは生活の平穏を害し，又は調査若しくは審判に支障を生じさせる行為をしてはならない。

（閲覧又は謄写の手数料）

第5条の3　前条第1項の規定による記録の閲覧又は謄写の手数料については，その性質に反しない限り，民事訴訟費用等に関する法律（昭和46年法律第40号）第7条から第10条まで及び別表第2の1の項の規定（同項上欄中「（事件の係属中に当事者等が請求するものを除く。）」とある部分を除く。）を準用する。

第2節　通告，警察官の調査等

（通告）

第6条　家庭裁判所の審判に付すべき少年を発見した者は，これを家庭裁判所に通告しなければならない。

2　警察官又は保護者は，第3条第1項第3号に掲げる少年について，直接これを家庭裁判所に送致し，又は通告するよりも，先づ児童福祉法（昭和22年法律第164号）による措置にゆだねるのが適当であると認めるときは，その少年を直接児童相談所に通告することができる。

（警察官等の調査）

第6条の2　警察官は，客観的な事情から合理的に判断して，第3条第1項第2号に掲げる少年であると疑うに足りる相当の理由のある者を発見した場合において，必要があるときは，事件について調査をすることができる。

2　前項の調査は，少年の情操の保護に配慮しつつ，事案の真相を明らかにし，もつて少年の健全な育成のための措置に資することを目的として行うものとする。

3　警察官は，国家公安委員会規則の定めるところにより，少年の心理その他の特性に関する専門的知識を有する警察職員（警察官を除く。）に調査（第6条の5第1項の処分を除く。）をさせることができる。

（調査における付添人）

第6条の3　少年及び保護者は，前条第1項の調査に関し，いつでも，弁護士である付添人を選任することができる。

（呼出し，質問，報告の要求）

第6条の4　警察官は，調査をするについて必要があるときは，少年，保護者又は参考人を呼び出し，質問することができる。

2　前項の質問に当たつては，強制にわたることがあつてはならない。

3　警察官は，調査について，公務所又は公私の団体に照会して必要な事項の報告を求めることができる。

（押収，捜索，検証，鑑定嘱託）

第6条の5　警察官は，第3条第1項第2号に掲げる少年に係る事件の調査をするについて必要があるときは，押収，捜索，検証又は鑑定の嘱託をすることができる。

2　刑事訴訟法（昭和23年法律第131号）中，司法警察職員の行う押収，捜索，検証及び鑑定の嘱託に関する規定（同法第224条を除く。）は，前項の場合に，これを準用する。この場合において，これらの規定中「司法警察員」とあるのは「司法警察員たる警察官」と，「司法巡査」とあるのは「司法巡査たる警察官」と読み替えるほか，同法第499条第1項中「検察官」とあるのは「警視総監若しくは道府県警察本部長又は警察署長」と，「政令」とあるのは「国家公安委員会規則」と，同条第3項中「国庫」とあるのは「当該都道府県警察又は警察署の属する都道府県」と読み替えるものとする。

（警察官の送致等）

第6条の6　警察官は，調査の結果，次の各号のいずれかに該当するときは，当該調査に係る書類とともに事件を児童相談所長に送致しなければならない。

　一　第3条第1項第2号に掲げる少年に係る事件について，その少年の行為が次に掲げる罪に係る刑罰法令に触れるものであると思料するとき。

　　イ　故意の犯罪行為により被害者を死亡させた罪

　　ロ　イに掲げるもののほか，死刑又は無期若しくは短期2年以上の懲役若しくは禁錮に当たる罪

二　前号に掲げるもののほか，第3条第1項第2号に掲げる少年に係る
　　　事件について，家庭裁判所の審判に付することが適当であると思料
　　　するとき。

2　警察官は，前項の規定により児童相談所長に送致した事件について，
　児童福祉法第27条第1項第4号の措置がとられた場合において，証拠物
　があるときは，これを家庭裁判所に送付しなければならない。

3　警察官は，第1項の規定により事件を送致した場合を除き，児童福祉
　法第25条第1項の規定により調査に係る少年を児童相談所に通告する
　ときは，国家公安委員会規則の定めるところにより，児童相談所に対
　し，同法による措置をとるについて参考となる当該調査の概要及び結
　果を通知するものとする。

（都道府県知事又は児童相談所長の送致）

第6条の7　都道府県知事又は児童相談所長は，前条第1項（第1号に係る
　部分に限る。）の規定により送致を受けた事件については，児童福祉
　法第27条第1項第4号の措置をとらなければならない。ただし，調査の
　結果，その必要がないと認められるときは，この限りでない。

2　都道府県知事又は児童相談所長は，児童福祉法の適用がある少年に
　ついて，たまたま，その行動の自由を制限し，又はその自由を奪うよ
　うな強制的措置を必要とするときは，同法第33条，第33条の2及び第
　47条の規定により認められる場合を除き，これを家庭裁判所に送致し
　なければならない。

（家庭裁判所調査官の報告）

第7条　家庭裁判所調査官は，家庭裁判所の審判に付すべき少年を発見
　したときは，これを裁判官に報告しなければならない。

2　家庭裁判所調査官は，前項の報告に先だち，少年及び保護者について，
　事情を調査することができる。

第3節　調査及び審判

（事件の調査）

第8条　家庭裁判所は，第6条第1項の通告又は前条第1項の報告により，審判に付すべき少年があると思料するときは，事件について調査しなければならない。検察官，司法警察員，警察官，都道府県知事又は児童相談所長から家庭裁判所の審判に付すべき少年事件の送致を受けたときも，同様とする。

2　家庭裁判所は，家庭裁判所調査官に命じて，少年，保護者又は参考人の取調その他の必要な調査を行わせることができる。

（調査の方針）

第9条　前条の調査は，なるべく，少年，保護者又は関係人の行状，経歴，素質，環境等について，医学，心理学，教育学，社会学その他の専門的智識特に少年鑑別所の鑑別の結果を活用して，これを行うように努めなければならない。

（被害者等の申出による意見の聴取）

第9条の2　家庭裁判所は，最高裁判所規則の定めるところにより第3条第1項第1号又は第2号に掲げる少年に係る事件の被害者等から，被害に関する心情その他の事件に関する意見の陳述の申出があるときは，自らこれを聴取し，又は家庭裁判所調査官に命じてこれを聴取させるものとする。ただし，事件の性質，調査又は審判の状況その他の事情を考慮して，相当でないと認めるときは，この限りでない。

（付添人）

第10条　少年並びにその保護者，法定代理人，保佐人，配偶者，直系の親族及び兄弟姉妹は，家庭裁判所の許可を受けて，付添人を選任することができる。ただし，弁護士を付添人に選任するには，家庭裁判所

の許可を要しない。

2　保護者は，家庭裁判所の許可を受けて，付添人となることができる。

（呼出し及び同行）

第11条　家庭裁判所は，事件の調査又は審判について必要があると認めるときは，少年又は保護者に対して，呼出状を発して，その呼出しをすることができる。

2　家庭裁判所は，少年又は保護者が，正当な理由がなく，前項の規定による呼出しに応じないとき，又は応じないおそれがあるときは，その少年又は保護者に対して，同行状を発して，その同行をすることができる。

（緊急の場合の同行）

第12条　家庭裁判所は，少年が保護のため緊急を要する状態にあつて，その福祉上必要であると認めるときは，前条第2項の規定にかかわらず，その少年に対して，同行状を発して，その同行をすることができる。

2　裁判長は，急速を要する場合には，前項の処分をし，又は合議体の構成員にこれをさせることができる。

（同行状の執行）

第13条　同行状は，家庭裁判所調査官がこれを執行する。

2　家庭裁判所は，警察官，保護観察官又は裁判所書記官をして，同行状を執行させることができる。

3　裁判長は，急速を要する場合には，前項の処分をし，又は合議体の構成員にこれをさせることができる。

（証人尋問・鑑定・通訳・翻訳）

第14条　家庭裁判所は，証人を尋問し，又は鑑定，通訳若しくは翻訳を命ずることができる。

2　刑事訴訟法中，裁判所の行う証人尋問，鑑定，通訳及び翻訳に関す

る規定は，保護事件の性質に反しない限り，前項の場合に，これを準用する。

（検証，押収，捜索）

第15条 家庭裁判所は，検証，押収又は捜索をすることができる。

2 刑事訴訟法中，裁判所の行う検証，押収及び捜索に関する規定は，保護事件の性質に反しない限り，前項の場合に，これを準用する。

（援助，協力）

第16条 家庭裁判所は，調査及び観察のため，警察官，保護観察官，保護司，児童福祉司（児童福祉法第12条の3第2項第6号に規定する児童福祉司をいう。第26条第1項において同じ。）又は児童委員に対して，必要な援助をさせることができる。

2 家庭裁判所は，その職務を行うについて，公務所，公私の団体，学校，病院その他に対して，必要な協力を求めることができる。

（観護の措置）

第17条 家庭裁判所は，審判を行うため必要があるときは，決定をもつて，次に掲げる観護の措置をとることができる。

　　一 家庭裁判所調査官の観護に付すること。

　　二 少年鑑別所に送致すること。

2 同行された少年については，観護の措置は，遅くとも，到着のときから24時間以内に，これを行わなければならない。検察官又は司法警察員から勾留又は逮捕された少年の送致を受けたときも，同様である。

3 第1項第2号の措置においては，少年鑑別所に収容する期間は，2週間を超えることができない。ただし，特に継続の必要があるときは，決定をもつて，これを更新することができる。

4 前項ただし書の規定による更新は，1回を超えて行うことができない。ただし，第3条第1項第1号に掲げる少年に係る死刑，懲役又は禁錮に

当たる罪の事件でその非行事実（犯行の動機，態様及び結果その他の当該犯罪に密接に関連する重要な事実を含む。以下同じ。）の認定に関し証人尋問，鑑定若しくは検証を行うことを決定したもの又はこれを行つたものについて，少年を収容しなければ審判に著しい支障が生じるおそれがあると認めるに足りる相当の理由がある場合には，その更新は，更に2回を限度として，行うことができる。

5　第3項ただし書の規定にかかわらず，検察官から再び送致を受けた事件が先に第1項第2号の措置がとられ，又は勾留状が発せられた事件であるときは，収容の期間は，これを更新することができない。

6　裁判官が第43条第1項の請求により，第1項第1号の措置をとつた場合において，事件が家庭裁判所に送致されたときは，その措置は，これを第1項第1号の措置とみなす。

7　裁判官が第43条第1項の請求により第1項第2号の措置をとつた場合において，事件が家庭裁判所に送致されたときは，その措置は，これを第1項第2号の措置とみなす。この場合には，第3項の期間は，家庭裁判所が事件の送致を受けた日から，これを起算する。

8　観護の措置は，決定をもつて，これを取り消し，又は変更することができる。

9　第1項第2号の措置については，収容の期間は，通じて8週間を超えることができない。ただし，その収容の期間が通じて4週間を超えることとなる決定を行うときは，第4項ただし書に規定する事由がなければならない。

10　裁判長は，急速を要する場合には，第1項及び第8項の処分をし，又は合議体の構成員にこれをさせることができる。

（異議の申し立て）

第17条の2　少年，その法定代理人又は付添人は，前条第1項第2号又は

第3項ただし書の決定に対して、保護事件の係属する家庭裁判所に異議の申立てをすることができる。ただし、付添人は、選任者である保護者の明示した意思に反して、異議の申立てをすることができない。

2　前項の異議の申立ては、審判に付すべき事由がないことを理由としてすることはできない。

3　第1項の異議の申立てについては、家庭裁判所は、合議体で決定をしなければならない。この場合において、その決定には、原決定に関与した裁判官は、関与することができない。

4　第32条の3、第33条及び第34条の規定は、第1項の異議の申立てがあつた場合について準用する。この場合において、第33条第2項中「取り消して、事件を原裁判所に差し戻し、又は他の家庭裁判所に移送しなければならない」とあるのは、「取り消し、必要があるときは、更に裁判をしなければならない」と読み替えるものとする。

（特別抗告）

第17条の3　第35条第1項の規定は、前条第3項の決定について準用する。この場合において、第35条第1項中「2週間」とあるのは、「5日」と読み替えるものとする。

2　前条第4項及び第32条の2の規定は、前項の規定による抗告があつた場合について準用する。

（少年鑑別所送致の場合の仮収容）

第17条の4　家庭裁判所は、第17条第1項第2号の措置をとつた場合において、直ちに少年鑑別所に収容することが著しく困難であると認める事情があるときは、決定をもつて、少年を仮に最寄りの少年院又は刑事施設の特に区別した場所に収容することができる。ただし、その期間は、収容した時から72時間を超えることができない。

2　裁判長は、急速を要する場合には、前項の処分をし、又は合議体の

構成員にこれをさせることができる。

3　第1項の規定による収容の期間は，これを第17条第1項第2号の措置により少年鑑別所に収容した期間とみなし，同条第3項の期間は，少年院又は刑事施設に収容した日から，これを起算する。

4　裁判官が第43条第1項の請求のあつた事件につき，第1項の収容をした場合において，事件が家庭裁判所に送致されたときは，その収容は，これを第1項の規定による収容とみなす。

（児童福祉法の措置）

第18条　家庭裁判所は，調査の結果，児童福祉法の規定による措置を相当と認めるときは，決定をもつて，事件を権限を有する都道府県知事又は児童相談所長に送致しなければならない。

2　第6条の7第2項の規定により，都道府県知事又は児童相談所長から送致を受けた少年については，決定をもつて，期限を付して，これに対してとるべき保護の方法その他の措置を指示して，事件を権限を有する都道府県知事又は児童相談所長に送致することができる。

（審判を開始しない旨の決定）

第19条　家庭裁判所は，調査の結果，審判に付することができず，又は審判に付するのが相当でないと認めるときは，審判を開始しない旨の決定をしなければならない。

2　家庭裁判所は，調査の結果，本人が20歳以上であることが判明したときは，前項の規定にかかわらず，決定をもつて，事件を管轄地方裁判所に対応する検察庁の検察官に送致しなければならない。

（検察官への送致）

第20条　家庭裁判所は，死刑，懲役又は禁錮に当たる罪の事件について，調査の結果，その罪質及び情状に照らして刑事処分を相当と認めるときは，決定をもつて，これを管轄地方裁判所に対応する検察庁の検察

官に送致しなければならない。

2　前項の規定にかかわらず，家庭裁判所は，故意の犯罪行為により被害者を死亡させた罪の事件であつて，その罪を犯すとき16歳以上の少年に係るものについては，同項の決定をしなければならない。ただし，調査の結果，犯行の動機及び態様，犯行後の情況，少年の性格，年齢，行状及び環境その他の事情を考慮し，刑事処分以外の措置を相当と認めるときは，この限りでない。

（審判開始の決定）

第21条　家庭裁判所は，調査の結果，審判を開始するのが相当であると認めるときは，その旨の決定をしなければならない。

（審判の方式）

第22条　審判は，懇切を旨として，和やかに行うとともに，非行のある少年に対し自己の非行について内省を促すものとしなければならない。

2　審判は，これを公開しない。

3　審判の指揮は，裁判長が行う。

（検察官の関与）

第22条の2　家庭裁判所は，第3条第1項第1号に掲げる少年に係る事件であつて，死刑又は無期若しくは長期3年を超える懲役若しくは禁錮に当たる罪のものにおいて，その非行事実を認定するための審判の手続に検察官が関与する必要があると認めるときは，決定をもつて，審判に検察官を出席させることができる。

2　家庭裁判所は，前項の決定をするには，検察官の申出がある場合を除き，あらかじめ，検察官の意見を聴かなければならない。

3　検察官は，第1項の決定があつた事件において，その非行事実の認定に資するため必要な限度で，最高裁判所規則の定めるところにより，事件の記録及び証拠物を閲覧し及び謄写し，審判の手続（事件を終局

させる決定の告知を含む。）に立ち会い，少年及び証人その他の関係
人に発問し，並びに意見を述べることができる。

（国選付添人）

第22条の3　家庭裁判所は，前条第1項の決定をした場合において，少年
に弁護士である付添人がないときは，弁護士である付添人を付さなけ
ればならない。

2　家庭裁判所は，第3条第1項第1号に掲げる少年に係る事件であつて前
条第1項に規定する罪のもの又は第3条第1項第2号に掲げる少年に係る
事件であつて前条第1項に規定する罪に係る刑罰法令に触れるものに
ついて，第17条第1項第2号の措置がとられており，かつ，少年に弁護
士である付添人がない場合において，事案の内容，保護者の有無その
他の事情を考慮し，審判の手続に弁護士である付添人が関与する必要
があると認めるときは，弁護士である付添人を付することができる。

3　前2項の規定により家庭裁判所が付すべき付添人は，最高裁判所規則
の定めるところにより，選任するものとする。

4　前項（第22条の5第4項において準用する場合を含む。）の規定により
選任された付添人は，旅費，日当，宿泊料及び報酬を請求することが
できる。

（被害者等による少年審判の傍聴）

第22条の4　家庭裁判所は，最高裁判所規則の定めるところにより第3条
第1項第1号に掲げる少年に係る事件であつて次に掲げる罪のもの又は
同項第2号に掲げる少年（12歳に満たないで刑罰法令に触れる行為を
した少年を除く。次項において同じ。）に係る事件であつて次に掲げ
る罪に係る刑罰法令に触れるもの（いずれも被害者を傷害した場合に
あつては，これにより生命に重大な危険を生じさせたときに限る。）
の被害者等から，審判期日における審判の傍聴の申出がある場合にお

いて，少年の年齢及び心身の状態，事件の性質，審判の状況その他の事情を考慮して，少年の健全な育成を妨げるおそれがなく相当と認めるときは，その申出をした者に対し，これを傍聴することを許すことができる。

一　故意の犯罪行為により被害者を死傷させた罪

二　刑法（明治40年法律第45号）第211条（業務上過失致死傷等）の罪

三　自動車の運転により人を死傷させる行為等の処罰に関する法律（平成25年法律第86号）第4条，第5条又は第6条第3項若しくは第4項の罪

2　家庭裁判所は，前項の規定により第3条第1項第2号に掲げる少年に係る事件の被害者等に審判の傍聴を許すか否かを判断するに当たつては，同号に掲げる少年が，一般に，精神的に特に未成熟であることを十分考慮しなければならない。

3　家庭裁判所は，第1項の規定により審判の傍聴を許す場合において，傍聴する者の年齢，心身の状態その他の事情を考慮し，その者が著しく不安又は緊張を覚えるおそれがあると認めるときは，その不安又は緊張を緩和するのに適当であり，かつ，審判を妨げ，又はこれに不当な影響を与えるおそれがないと認める者を，傍聴する者に付き添わせることができる。

4　裁判長は，第1項の規定により審判を傍聴する者及び前項の規定によりこの者に付き添う者の座席の位置，審判を行う場所における裁判所職員の配置等を定めるに当たつては，少年の心身に及ぼす影響に配慮しなければならない。

5　第5条の2第3項の規定は，第1項の規定により審判を傍聴した者又は第3項の規定によりこの者に付き添つた者について，準用する。

（弁護士である付添人からの意見の聴取等）

第22条の5　家庭裁判所は，前条第1項の規定により審判の傍聴を許すに
は，あらかじめ，弁護士である付添人の意見を聴かなければならない。

2　家庭裁判所は，前項の場合において，少年に弁護士である付添人が
ないときは，弁護士である付添人を付さなければならない。

3　少年に弁護士である付添人がない場合であつて，最高裁判所規則の
定めるところにより少年及び保護者がこれを必要としない旨の意思を
明示したときは，前2項の規定は適用しない。

4　第22条の3第3項の規定は，第2項の規定により家庭裁判所が付すべき
付添人について，準用する。

（被害者等に対する説明）

第22条の6　家庭裁判所は，最高裁判所規則の定めるところにより第3条
第1項第1号又は第2号に掲げる少年に係る事件の被害者等から申出が
ある場合において，少年の健全な育成を妨げるおそれがなく相当と認
めるときは，最高裁判所規則の定めるところにより，その申出をした
者に対し，審判期日における審判の状況を説明するものとする。

2　前項の申出は，その申出に係る事件を終局させる決定が確定した後3
年を経過したときは，することができない。

3　第5条の2第3項の規定は，第1項の規定により説明を受けた者について，
準用する。

（審判開始後保護処分に付しない場合）

第23条　家庭裁判所は，審判の結果，第18条又は第20条にあたる場合で
あると認めるときは，それぞれ，所定の決定をしなければならない。

2　家庭裁判所は，審判の結果，保護処分に付することができず，又は
保護処分に付する必要がないと認めるときは，その旨の決定をしなけ
ればならない。

3 　第19条第2項の規定は，家庭裁判所の審判の結果，本人が20歳以上であることが判明した場合に準用する。

（保護処分の決定）

第24条　家庭裁判所は，前条の場合を除いて，審判を開始した事件につき，決定をもつて，次に掲げる保護処分をしなければならない。ただし，決定の時に14歳に満たない少年に係る事件については，特に必要と認める場合に限り，第3号の保護処分をすることができる。

一　保護観察所の保護観察に付すること。

二　児童自立支援施設又は児童養護施設に送致すること。

三　少年院に送致すること。

2 　前項第1号及び第3号の保護処分においては，保護観察所の長をして，家庭その他の環境調整に関する措置を行わせることができる。

（没取）

第24条の2　家庭裁判所は，第3条第1項第1号及び第2号に掲げる少年について，第18条，第19条，第23条第2項又は前条第1項の決定をする場合には，決定をもつて，次に掲げる物を没取することができる。

一　刑罰法令に触れる行為を組成した物

二　刑罰法令に触れる行為に供し，又は供しようとした物

三　刑罰法令に触れる行為から生じ，若しくはこれによつて得た物又は刑罰法令に触れる行為の報酬として得た物

四　前号に記載した物の対価として得た物

2 　没取は，その物が本人以外の者に属しないときに限る。但し，刑罰法令に触れる行為の後，本人以外の者が情を知つてその物を取得したときは，本人以外の者に属する場合であつても，これを没取することができる。

（家庭裁判所調査官の観察）

第25条 家庭裁判所は，第24条第1項の保護処分を決定するため必要があると認めるときは，決定をもつて，相当の期間，家庭裁判所調査官の観察に付することができる。

2　家庭裁判所は，前項の観察とあわせて，次に掲げる措置をとることができる。

　一　遵守事項を定めてその履行を命ずること。

　二　条件を附けて保護者に引き渡すこと。

　三　適当な施設，団体又は個人に補導を委託すること。

（保護者に対する措置）

第25条の2 家庭裁判所は，必要があると認めるときは，保護者に対し，少年の監護に関する責任を自覚させ，その非行を防止するため，調査又は審判において，自ら訓戒，指導その他の適当な措置をとり，又は家庭裁判所調査官に命じてこれらの措置をとらせることができる。

（決定の執行）

第26条 家庭裁判所は，第17条第1項第2号，第17条の4第1項並びに第24条第1項第2号及び第3号の決定をしたときは，家庭裁判所調査官，裁判所書記官，法務事務官，法務教官，警察官，保護観察官又は児童福祉司をして，その決定を執行させることができる。

2　家庭裁判所は，第17条第1項第2号，第17条の4第1項並びに第24条第1項第2号及び第3号の決定を執行するため必要があるときは，少年に対して，呼出状を発して，その呼出しをすることができる。

3　家庭裁判所は，少年が，正当な理由がなく，前項の規定による呼出しに応じないとき，又は応じないおそれがあるときは，その少年に対して，同行状を発して，その同行をすることができる。

4　家庭裁判所は，少年が保護のため緊急を要する状態にあつて，その福祉上必要であると認めるときは，前項の規定にかかわらず，その少

年に対して，同行状を発して，その同行をすることができる。

5　第13条の規定は，前2項の同行状に，これを準用する。

6　裁判長は，急速を要する場合には，第1項及び第4項の処分をし，又は合議体の構成員にこれをさせることができる。

（少年鑑別所収容の一時継続）

第26条の2　家庭裁判所は，第17条第1項第2号の措置がとられている事件について，第18条，第19条，第20条第1項，第23条第2項又は第24条第1項の決定をする場合において，必要と認めるときは，決定をもつて，少年を引き続き相当期間少年鑑別所に収容することができる。ただし，その期間は，7日を超えることはできない。

（同行状の執行の場合の仮収容）

第26条の3　第24条第1項第3号の決定を受けた少年に対して第26条第3項又は第4項の同行状を執行する場合において，必要があるときは，その少年を仮に最寄の少年鑑別所に収容することができる。

（保護観察中の者に対する措置）

第26条の4　更生保護法（平成19年法律第88号）第67条第2項の申請があつた場合において，家庭裁判所は，審判の結果，第24条第1項第1号の保護処分を受けた者がその遵守すべき事項を遵守せず，同法第67条第1項の警告を受けたにもかかわらず，なお遵守すべき事項を遵守しなかつたと認められる事由があり，その程度が重く，かつ，その保護処分によつては本人の改善及び更生を図ることができないと認めるときは，決定をもつて，第24条第1項第2号又は第3号の保護処分をしなければならない。

2　家庭裁判所は，前項の規定により20歳以上の者に対して第24条第1項第3号の保護処分をするときは，その決定と同時に，本人が23歳を超えない期間内において，少年院に収容する期間を定めなければならない。

3　前項に定めるもののほか，第1項の規定による保護処分に係る事件の
　　手続は，その性質に反しない限り，第24条第1項の規定による保護処
　　分に係る事件の手続の例による。

（競合する処分の調整）

第27条　保護処分の継続中，本人に対して有罪判決が確定したときは，
　　保護処分をした家庭裁判所は，相当と認めるときは，決定をもつて，
　　その保護処分を取り消すことができる。

2　保護処分の継続中，本人に対して新たな保護処分がなされたときは，
　　新たな保護処分をした家庭裁判所は，前の保護処分をした家庭裁判所
　　の意見を聞いて，決定をもつて，いずれかの保護処分を取消すことが
　　できる。

（保護処分の取消し）

第27条の2　保護処分の継続中，本人に対し審判権がなかつたこと，又
　　は14歳に満たない少年について，都道府県知事若しくは児童相談所長
　　から送致の手続がなかつたにもかかわらず，保護処分をしたことを認
　　め得る明らかな資料を新たに発見したときは，保護処分をした家庭裁
　　判所は，決定をもつて，その保護処分を取り消さなければならない。

2　保護処分が終了した後においても，審判に付すべき事由の存在が認
　　められないにもかかわらず保護処分をしたことを認め得る明らかな資
　　料を新たに発見したときは，前項と同様とする。ただし，本人が死亡
　　した場合は，この限りでない。

3　保護観察所，児童自立支援施設，児童養護施設又は少年院の長は，
　　保護処分の継続中の者について，第1項の事由があることを疑うに足
　　りる資料を発見したときは，保護処分をした家庭裁判所に，その旨の
　　通知をしなければならない。

4　第18条第1項及び第19条第2項の規定は，家庭裁判所が，第1項の規定

により，保護処分を取り消した場合に準用する。

5　家庭裁判所は，第1項の規定により，少年院に収容中の者の保護処分を取り消した場合において，必要があると認めるときは，決定をもって，その者を引き続き少年院に収容することができる。但し，その期間は，3日を超えることはできない。

6　前3項に定めるもののほか，第1項及び第2項の規定による第24条第1項の保護処分の取消しの事件の手続は，その性質に反しない限り，同項の保護処分に係る事件の手続の例による。

（報告と意見の提出）

第28条　家庭裁判所は，第24条又は第25条の決定をした場合において，施設，団体，個人，保護観察所，児童福祉施設又は少年院に対して，少年に関する報告又は意見の提出を求めることができる。

（委託費用の支給）

第29条　家庭裁判所は，第25条第2項第3号の措置として，適当な施設，団体又は個人に補導を委託したときは，その者に対して，これによって生じた費用の全部又は一部を支給することができる。

（証人等の費用）

第30条　証人，鑑定人，翻訳人及び通訳人に支給する旅費，日当，宿泊料その他の費用の額については，刑事訴訟費用に関する法令の規定を準用する。

2　参考人は，旅費，日当，宿泊料を請求することができる。

3　参考人に支給する費用は，これを証人に支給する費用とみなして，第1項の規定を適用する。

4　第22条の3第4項の規定により付添人に支給すべき旅費，日当，宿泊料及び報酬の額については，刑事訴訟法第38条第2項の規定により弁護人に支給すべき旅費，日当，宿泊料及び報酬の例による。

第30条の2　家庭裁判所は，第16条第1項の規定により保護司又は児童委
　員をして，調査及び観察の援助をさせた場合には，最高裁判所の定め
　るところにより，その費用の一部又は全部を支払うことができる。
（費用の徴収）
第31条　家庭裁判所は，少年又はこれを扶養する義務のある者から証人，
　鑑定人，通訳人，翻訳人，参考人，第22条の3第3項（第22条の5第4項
　において準用する場合を含む。）の規定により選任された付添人及び
　補導を委託された者に支給した旅費，日当，宿泊料その他の費用並び
　に少年鑑別所及び少年院において生じた費用の全部又は一部を徴収す
　ることができる。
2　前項の費用の徴収については，非訟事件手続法（平成23年法律第51号）
　第121条の規定を準用する。
（被害者等に対する通知）
第31条の2　家庭裁判所は，第3条第1項第1号又は第2号に掲げる少年に
　係る事件を終局させる決定をした場合において，最高裁判所規則の定
　めるところにより当該事件の被害者等から申出があるときは，その申
　出をした者に対し，次に掲げる事項を通知するものとする。ただし，
　その通知をすることが少年の健全な育成を妨げるおそれがあり相当で
　ないと認められるものについては，この限りでない。
　　一　少年及びその法定代理人の氏名及び住居（法定代理人が法人で
　　　ある場合においては，その名称又は商号及び主たる事務所又は本店
　　　の所在地）
　　二　決定の年月日，主文及び理由の要旨
2　前項の申出は，同項に規定する決定が確定した後3年を経過したとき
　は，することができない。
3　第5条の2第3項の規定は，第1項の規定により通知を受けた者について，

準用する。

第4節　抗告

（抗告）

第32条　保護処分の決定に対しては，決定に影響を及ぼす法令の違反，重大な事実の誤認又は処分の著しい不当を理由とするときに限り，少年，その法定代理人又は付添人から，2週間以内に，抗告をすることができる。ただし，付添人は，選任者である保護者の明示した意思に反して，抗告をすることができない。

（抗告裁判所の調査の範囲）

第32条の2　抗告裁判所は，抗告の趣意に含まれている事項に限り，調査をするものとする。

2　抗告裁判所は，抗告の趣意に含まれていない事項であつても，抗告の理由となる事由に関しては，職権で調査をすることができる。

（抗告裁判所の事実の取調べ）

第32条の3　抗告裁判所は，決定をするについて必要があるときは，事実の取調べをすることができる。

2　前項の取調べは，合議体の構成員にさせ，又は家庭裁判所の裁判官に嘱託することができる。

（抗告受理の申立て）

第32条の4　検察官は，第22条の2第1項の決定がされた場合においては，保護処分に付さない決定又は保護処分の決定に対し，同項の決定があつた事件の非行事実の認定に関し，決定に影響を及ぼす法令の違反又は重大な事実の誤認があることを理由とするときに限り，高等裁判所に対し，2週間以内に，抗告審として事件を受理すべきことを申し立てることができる。

2　前項の規定による申立て（以下「抗告受理の申立て」という。）は，申立書を原裁判所に差し出してしなければならない。この場合において，原裁判所は，速やかにこれを高等裁判所に送付しなければならない。

3　高等裁判所は，抗告受理の申立てがされた場合において，抗告審として事件を受理するのを相当と認めるときは，これを受理することができる。この場合においては，その旨の決定をしなければならない。

4　高等裁判所は，前項の決定をする場合において，抗告受理の申立ての理由中に重要でないと認めるものがあるときは，これを排除することができる。

5　第3項の決定は，高等裁判所が原裁判所から第2項の申立書の送付を受けた日から2週間以内にしなければならない。

6　第3項の決定があつた場合には，抗告があつたものとみなす。この場合において，第32条の2の規定の適用については，抗告受理の申立ての理由中第4項の規定により排除されたもの以外のものを抗告の趣意とみなす。

（抗告審における国選付添人）

第32条の5　前条第3項の決定があつた場合において，少年に弁護士である付添人がないときは，抗告裁判所は，弁護士である付添人を付さなければならない。

2　抗告裁判所は，第22条の3第2項に規定する事件（家庭裁判所において第17条第1項第2号の措置がとられたものに限る。）について，少年に弁護士である付添人がなく，かつ，事案の内容，保護者の有無その他の事情を考慮し，抗告審の審理に弁護士である付添人が関与する必要があると認めるときは，弁護士である付添人を付することができる。

（準用）

第32条の6　第32条の2，第32条の3及び前条に定めるもののほか，抗告

審の審理については，その性質に反しない限り，家庭裁判所の審判に
　関する規定を準用する。

（抗告審の裁判）

第33条　抗告の手続がその規定に違反したとき，又は抗告が理由のない
　ときは，決定をもつて，抗告を棄却しなければならない。

2　抗告が理由のあるときは，決定をもつて，原決定を取り消して，事
　件を原裁判所に差し戻し，又は他の家庭裁判所に移送しなければなら
　ない。

（執行の停止）

第34条　抗告は，執行を停止する効力を有しない。但し，原裁判所又は
　抗告裁判所は，決定をもつて，執行を停止することができる。

（再抗告）

第35条　抗告裁判所のした第33条の決定に対しては，憲法に違反し，若
　しくは憲法の解釈に誤りがあること，又は最高裁判所若しくは控訴裁
　判所である高等裁判所の判例と相反する判断をしたことを理由とする
　場合に限り，少年，その法定代理人又は付添人から，最高裁判所に対し，
　2週間以内に，特に抗告をすることができる。ただし，付添人は，選
　任者である保護者の明示した意思に反して，抗告をすることができない。

2　第32条の2，第32条の3，第32条の5第2項及び第32条の6から前条まで
　の規定は，前項の場合に，これを準用する。この場合において，第33
　条第2項中「取り消して，事件を原裁判所に差し戻し，又は他の家庭
　裁判所に移送しなければならない」とあるのは，「取り消さなければ
　ならない。この場合には，家庭裁判所の決定を取り消して，事件を家
　庭裁判所に差し戻し，又は他の家庭裁判所に移送することができる」
　と読み替えるものとする。

（その他の事項）

第36条　この法律で定めるものの外，保護事件に関して必要な事項は，最高裁判所がこれを定める。

第37条　削除

第38条　削除

第39条　削除

第3章　少年の刑事事件

第1節　通則

（準拠法例）

第40条　少年の刑事事件については，この法律で定めるものの外，一般の例による。

第2節　手続

（司法警察員の送致）

第41条　司法警察員は，少年の被疑事件について捜査を遂げた結果，罰金以下の刑にあたる犯罪の嫌疑があるものと思料するときは，これを家庭裁判所に送致しなければならない。犯罪の嫌疑がない場合でも，家庭裁判所の審判に付すべき事由があると思料するときは，同様である。

（検察官の送致）

第42条　検察官は，少年の被疑事件について捜査を遂げた結果，犯罪の嫌疑があるものと思料するときは，第45条第5号本文に規定する場合を除いて，これを家庭裁判所に送致しなければならない。犯罪の嫌疑がない場合でも，家庭裁判所の審判に付すべき事由があると思料するときは，同様である。

2 前項の場合においては，刑事訴訟法の規定に基づく裁判官による被
疑者についての弁護人の選任は，その効力を失う。

（勾留に代る措置）

第43条 検察官は，少年の被疑事件においては，裁判官に対して，勾
留の請求に代え，第17条第1項の措置を請求することができる。但し，
第17条第1項第1号の措置は，家庭裁判所の裁判官に対して，これを請
求しなければならない。

2 前項の請求を受けた裁判官は，第17条第1項の措置に関して，家庭裁
判所と同一の権限を有する。

3 検察官は，少年の被疑事件においては，やむを得ない場合でなければ，
裁判官に対して，勾留を請求することはできない。

（勾留に代る措置の効力）

第44条 裁判官が前条第1項の請求に基いて第17条第1項第1号の措置を
とつた場合において，検察官は，捜査を遂げた結果，事件を家庭裁判
所に送致しないときは，直ちに，裁判官に対して，その措置の取消を
請求しなければならない。

2 裁判官が前条第1項の請求に基いて第17条第1項第2号の措置をとると
きは，令状を発してこれをしなければならない。

3 前項の措置の効力は，その請求をした日から10日とする。

（検察官へ送致後の取扱い）

第45条 家庭裁判所が，第20条第1項の規定によつて事件を検察官に送
致したときは，次の例による。

一 第17条第1項第1号の措置は，その少年の事件が再び家庭裁判所
に送致された場合を除いて，検察官が事件の送致を受けた日から10
日以内に公訴が提起されないときは，その効力を失う。公訴が提起
されたときは，裁判所は，検察官の請求により，又は職権をもつて，

いつでも，これを取り消すことができる。

二　前号の措置の継続中，勾留状が発せられたときは，その措置は，これによつて，その効力を失う。

三　第1号の措置は，その少年が満20歳に達した後も，引き続きその効力を有する。

四　第17条第1項第2号の措置は，これを裁判官のした勾留とみなし，その期間は，検察官が事件の送致を受けた日から，これを起算する。この場合において，その事件が先に勾留状の発せられた事件であるときは，この期間は，これを延長することができない。

五　検察官は，家庭裁判所から送致を受けた事件について，公訴を提起するに足りる犯罪の嫌疑があると思料するときは，公訴を提起しなければならない。ただし，送致を受けた事件の一部について公訴を提起するに足りる犯罪の嫌疑がないか，又は犯罪の情状等に影響を及ぼすべき新たな事情を発見したため，訴追を相当でないと思料するときは，この限りでない。送致後の情況により訴追を相当でないと思料するときも，同様である。

六　第10条第1項の規定により選任された弁護士である付添人は，これを弁護人とみなす。

七　第4号の規定により第17条第1項第2号の措置が裁判官のした勾留とみなされた場合には，勾留状が発せられているものとみなして，刑事訴訟法中，裁判官による被疑者についての弁護人の選任に関する規定を適用する。

第45条の2　前条第1号から第4号まで及び第7号の規定は，家庭裁判所が，第19条第2項又は第23条第3項の規定により，事件を検察官に送致した場合に準用する。

（訴訟費用の負担）

第45条の3 家庭裁判所が，先に裁判官により被疑者のため弁護人が付された事件について第23条第2項又は第24条第1項の決定をするときは，刑事訴訟法中，訴訟費用の負担に関する規定を準用する。この場合において，同法第181条第1項及び第2項中「刑の言渡」とあるのは，「保護処分の決定」と読み替えるものとする。

2 検察官は，家庭裁判所が少年に訴訟費用の負担を命ずる裁判をした事件について，その裁判を執行するため必要な限度で，最高裁判所規則の定めるところにより，事件の記録及び証拠物を閲覧し，及び謄写することができる。

（保護処分等の効力）

第46条 罪を犯した少年に対して第24条第1項の保護処分がなされたときは，審判を経た事件について，刑事訴追をし，又は家庭裁判所の審判に付することができない。

2 第22条の2第1項の決定がされた場合において，同項の決定があつた事件につき，審判に付すべき事由の存在が認められないこと又は保護処分に付する必要がないことを理由とした保護処分に付さない旨の決定が確定したときは，その事件についても，前項と同様とする。

3 第1項の規定は，第27条の2第1項の規定による保護処分の取消しの決定が確定した事件については，適用しない。ただし，当該事件につき同条第6項の規定によりその例によることとされる第22条の2第1項の決定がされた場合であつて，その取消しの理由が審判に付すべき事由の存在が認められないことであるときは，この限りでない。

（時効の停止）

第47条 第8条第1項前段の場合においては第21条の決定があつてから，第8条第1項後段の場合においては送致を受けてから，保護処分の決定が確定するまで，公訴の時効は，その進行を停止する。

2　前項の規定は，第21条の決定又は送致の後，本人が満20歳に達した事件についても，これを適用する。

（勾留）

第48条　勾留状は，やむを得ない場合でなければ，少年に対して，これを発することはできない。

2　少年を勾留する場合には，少年鑑別所にこれを拘禁することができる。

3　本人が満20歳に達した後でも，引き続き前項の規定によることができる。

（取扱いの分離）

第49条　少年の被疑者又は被告人は，他の被疑者又は被告人と分離して，なるべく，その接触を避けなければならない。

2　少年に対する被告事件は，他の被告事件と関連する場合にも，審理に妨げない限り，その手続を分離しなければならない。

3　刑事施設，留置施設及び海上保安留置施設においては，少年（刑事収容施設及び被収容者等の処遇に関する法律（平成17年法律第50号）第2条第4号の受刑者（同条第8号の未決拘禁者としての地位を有するものを除く。）を除く。）を20歳以上の者と分離して収容しなければならない。

（審理の方針）

第50条　少年に対する刑事事件の審理は，第9条の趣旨に従つて，これを行わなければならない。

第3節　処分

（死刑と無期刑の緩和）

第51条　罪を犯すとき18歳に満たない者に対しては，死刑をもつて処断すべきときは，無期刑を科する。

2 罪を犯すとき18歳に満たない者に対しては，無期刑をもつて処断すべきときであつても，有期の懲役又は禁錮を科することができる。この場合において，その刑は，10年以上20年以下において言い渡す。

（不定期刑）

第52条 少年に対して有期の懲役又は禁錮をもつて処断すべきときは，処断すべき刑の範囲内において，長期を定めるとともに，長期の2分の1（長期が10年を下回るときは，長期から5年を減じた期間。次項において同じ。）を下回らない範囲内において短期を定めて，これを言い渡す。この場合において，長期は15年，短期は10年を超えることはできない。

2 前項の短期については，同項の規定にかかわらず，少年の改善更生の可能性その他の事情を考慮し特に必要があるときは，処断すべき刑の短期の2分の1を下回らず，かつ，長期の2分の1を下回らない範囲内において，これを定めることができる。この場合においては，刑法第14条第2項の規定を準用する。

3 刑の執行猶予の言渡をする場合には，前2項の規定は，これを適用しない。

（少年鑑別所収容中の日数）

第53条 第17条第1項第2号の措置がとられた場合においては，少年鑑別所に収容中の日数は，これを未決勾留の日数とみなす。

（換刑処分の禁止）

第54条 少年に対しては，労役場留置の言渡をしない。

（家庭裁判所への移送）

第55条 裁判所は，事実審理の結果，少年の被告人を保護処分に付するのが相当であると認めるときは，決定をもつて，事件を家庭裁判所に移送しなければならない。

（懲役又は禁錮の執行）

第56条 懲役又は禁錮の言渡しを受けた少年（第3項の規定により少年院において刑の執行を受ける者を除く。）に対しては，特に設けた刑事施設又は刑事施設若しくは留置施設内の特に分界を設けた場所において，その刑を執行する。

2 本人が26歳に達するまでは，前項の規定による執行を継続することができる。

3 懲役又は禁錮の言渡しを受けた16歳に満たない少年に対しては，刑法第12条第2項又は第13条第2項の規定にかかわらず，16歳に達するまでの間，少年院において，その刑を執行することができる。この場合において，その少年には，矯正教育を授ける。

（刑の執行と保護処分）

第57条 保護処分の継続中，懲役，禁錮又は拘留の刑が確定したときは，先に刑を執行する。懲役，禁錮又は拘留の刑が確定してその執行前保護処分がなされたときも，同様である。

（仮釈放）

第58条 少年のとき懲役又は禁錮の言渡しを受けた者については，次の期間を経過した後，仮釈放をすることができる。

一 無期刑については7年

二 第51条第2項の規定により言い渡した有期の刑については，その刑期の3分の1

三 第52条第1項又は同条第1項及び第2項の規定により言い渡した刑については，その刑の短期の3分の1

2 第51条第1項の規定により無期刑の言渡しを受けた者については，前項第1号の規定は適用しない。

（仮釈放期間の終了）

第59条 少年のとき無期刑の言渡しを受けた者が，仮釈放後，その処分を取り消されないで10年を経過したときは，刑の執行を受け終わつたものとする。

2 少年のとき第51条第2項又は第52条第1項若しくは同条第1項及び第2項の規定により有期の刑の言渡しを受けた者が，仮釈放後，その処分を取り消されないで仮釈放前に刑の執行を受けた期間と同一の期間又は第51条第2項の刑期若しくは第52条第1項の長期を経過したときは，そのいずれか早い時期において，刑の執行を受け終わつたものとする。

（人の資格に関する法令の適用）

第60条 少年のとき犯した罪により刑に処せられてその執行を受け終り，又は執行の免除を受けた者は，人の資格に関する法令の適用については，将来に向つて刑の言渡を受けなかつたものとみなす。

2 少年のとき犯した罪について刑に処せられた者で刑の執行猶予の言渡を受けた者は，その猶予期間中，刑の執行を受け終つたものとみなして，前項の規定を適用する。

3 前項の場合において，刑の執行猶予の言渡を取り消されたときは，人の資格に関する法令の適用については，その取り消されたとき，刑の言渡があつたものとみなす。

第4章　記事等の掲載の禁止

第61条 家庭裁判所の審判に付された少年又は少年のとき犯した罪により公訴を提起された者については，氏名，年齢，職業，住居，容ぼう等によりその者が当該事件の本人であることを推知することができるような記事又は写真を新聞紙その他の出版物に掲載してはならない。

第5章　特定少年の特例

第1節　保護事件の特例

（検察官への送致についての特例）

第62条　家庭裁判所は，特定少年（18歳以上の少年をいう。以下同じ。）に係る事件については，第20条の規定にかかわらず，調査の結果，その罪質及び情状に照らして刑事処分を相当と認めるときは，決定をもつて，これを管轄地方裁判所に対応する検察庁の検察官に送致しなければならない。

2　前項の規定にかかわらず，家庭裁判所は，特定少年に係る次に掲げる事件については，同項の決定をしなければならない。ただし，調査の結果，犯行の動機，態様及び結果，犯行後の情況，特定少年の性格，年齢，行状及び環境その他の事情を考慮し，刑事処分以外の措置を相当と認めるときは，この限りでない。

　一　故意の犯罪行為により被害者を死亡させた罪の事件であつて，その罪を犯すとき16歳以上の少年に係るもの

　二　死刑又は無期若しくは短期1年以上の懲役若しくは禁錮に当たる罪の事件であつて，その罪を犯すとき特定少年に係るもの（前号に該当するものを除く。）

第63条　家庭裁判所は，公職選挙法（昭和25年法律第100号。他の法律において準用する場合を含む。）及び政治資金規正法（昭和23年法律第194号）に規定する罪の事件（次項に規定する場合に係る同項に規定する罪の事件を除く。）であつて，その罪を犯すとき特定少年に係るものについて，前条第1項の規定により検察官に送致するかどうか

を決定するに当たつては，選挙の公正の確保等を考慮して行わなければならない。

2　家庭裁判所は，公職選挙法第247条の罪又は同法第251条の2第1項各号に掲げる者が犯した同項に規定する罪，同法第251条の3第1項の組織的選挙運動管理者等が犯した同項に規定する罪若しくは同法第251条の4第1項各号に掲げる者が犯した同項に規定する罪の事件であつて，その罪を犯すとき特定少年に係るものについて，その罪質が選挙の公正の確保に重大な支障を及ぼすと認める場合には，前条第1項の規定にかかわらず，同項の決定をしなければならない。この場合においては，同条第2項ただし書の規定を準用する。

（保護処分についての特例）

第64条　第24条第1項の規定にかかわらず，家庭裁判所は，第23条の場合を除いて，審判を開始した事件につき，少年が特定少年である場合には，犯情の軽重を考慮して相当な限度を超えない範囲内において，決定をもつて，次の各号に掲げる保護処分のいずれかをしなければならない。ただし，罰金以下の刑に当たる罪の事件については，第1号の保護処分に限り，これをすることができる。

一　6月の保護観察所の保護観察に付すること。

二　2年の保護観察所の保護観察に付すること。

三　少年院に送致すること。

2　前項第2号の保護観察においては，第66条第1項に規定する場合に，同項の決定により少年院に収容することができるものとし，家庭裁判所は，同号の保護処分をするときは，その決定と同時に，1年以下の範囲内において犯情の軽重を考慮して同項の決定により少年院に収容することができる期間を定めなければならない。

3　家庭裁判所は，第1項第3号の保護処分をするときは，その決定と同

時に，3年以下の範囲内において犯情の軽重を考慮して少年院に収容する期間を定めなければならない。

4　勾留され又は第17条第1項第2号の措置がとられた特定少年については，未決勾留の日数は，その全部又は一部を，前2項の規定により定める期間に算入することができる。

5　第1項の保護処分においては，保護観察所の長をして，家庭その他の環境調整に関する措置を行わせることができる。

（この法律の適用関係）

第65条　第3条第1項（第3号に係る部分に限る。）の規定は，特定少年については，適用しない。

2　第12条，第26条第4項及び第26条の2の規定は，特定少年である少年の保護事件（第26条の4第1項の規定による保護処分に係る事件を除く。）については，適用しない。

3　第27条の2第5項の規定は，少年院に収容中の者について，前条第1項第2号又は第3号の保護処分を取り消した場合には，適用しない。

4　特定少年である少年の保護事件に関する次の表の上欄に掲げるこの法律の規定の適用については，これらの規定中同表の中欄に掲げる字句は，同表の下欄に掲げる字句とする。

第4条	第20条第1項	第62条第1項
第17条の2第1項ただし書，第32条ただし書及び第35条第1項ただし書（第17条の3第1項において読み替えて準用する場合を含む。）	選任者である保護者	第62条第1項の特定少年
第23条第1項	又は第20条	，第62条又は第63条第2項
第24条の2第1項	前条第1項	第64条第1項

第25条第1項及び第27条の2第6項	第24条第1項	第64条第1項
第26条第1項及び第2項	並びに第24条第1項第2号及び第3号	及び第64条第1項第3号
第26条の3	第24条第1項第3号	第64条第1項第3号
第28条	第24条又は第25条	第25条又は第64条

（保護観察中の者に対する収容決定）

第66条 　更生保護法第68条の2の申請があつた場合において，家庭裁判所は，審判の結果，第64条第1項第2号の保護処分を受けた者がその遵守すべき事項を遵守しなかつたと認められる事由があり，その程度が重く，かつ，少年院において処遇を行わなければ本人の改善及び更生を図ることができないと認めるときは，これを少年院に収容する旨の決定をしなければならない。ただし，この項の決定により既に少年院に収容した期間が通算して同条第2項の規定により定められた期間に達しているときは，この限りでない。

2 　次項に定めるもののほか，前項の決定に係る事件の手続は，その性質に反しない限り，この法律（この項を除く。）の規定による特定少年である少年の保護事件の手続の例による。

3 　第1項の決定をする場合においては，前項の規定によりその例によることとされる第17条第1項第2号の措置における収容及び更生保護法第68条の3第1項の規定による留置の日数は，その全部又は一部を，第64条第2項の規定により定められた期間に算入することができる。

第2節　刑事事件の特例

第67条 　第41条及び第43条第3項の規定は，特定少年の被疑事件（同項の規定については，第20条第1項又は第62条第1項の決定があつたもの

に限る。）については，適用しない。

2　第48条第1項並びに第49条第1項及び第3項の規定は，特定少年の被疑事件（第20条第1項又は第62条第1項の決定があつたものに限る。）の被疑者及び特定少年である被告人については，適用しない。

3　第49条第2項の規定は，特定少年に対する被告事件については，適用しない。

4　第52条，第54条並びに第56条第1項及び第2項の規定は，特定少年については，適用しない。

5　第58条及び第59条の規定は，特定少年のとき刑の言渡しを受けた者については，適用しない。

6　第60条の規定は，特定少年のとき犯した罪により刑に処せられた者については，適用しない。

7　特定少年である少年の刑事事件に関する次の表の上欄に掲げるこの法律の規定の適用については，これらの規定中同表の中欄に掲げる字句は，同表の下欄に掲げる字句とする。

第45条	第20条第1項	第62条第1項
第45条の3第1項及び第46条第1項	第24条第1項	第64条第1項

第3節　記事等の掲載の禁止の特例

第68条　第61条の規定は，特定少年のとき犯した罪により公訴を提起された場合における同条の記事又は写真については，適用しない。ただし，当該罪に係る事件について刑事訴訟法第461条の請求がされた場合（同法第463条第1項若しくは第2項又は第468条第2項の規定により通常の規定に従い審判をすることとなつた場合を除く。）は，この限りでない。

附　則　（令和3年5月28日法律第47号）　抄

（施行期日）

第1条　この法律は，令和4年4月1日から施行する。

（検察官への送致に関する経過措置）

第2条　第1条の規定による改正後の少年法（以下「新少年法」という。）第62条及び第63条の規定は，この法律の施行後にした行為に係る事件の家庭裁判所から検察官への送致について適用する。

（司法警察員の送致に関する経過措置）

第3条　新少年法第67条第1項（少年法第41条に係る部分に限る。）の規定は，この法律の施行後にした行為に係る事件の司法警察員から家庭裁判所への送致について適用する。

（不定期刑，仮釈放及び仮釈放期間の終了に関する経過措置）

第4条　新少年法第67条第4項（少年法第52条に係る部分に限る。以下この条において同じ。）及び第5項の規定は，この法律の施行前にした行為（1個の行為が2個以上の罪名に触れる場合におけるこれらの罪名に触れる行為，犯罪の手段若しくは結果である行為が他の罪名に触れる場合におけるこれらの罪名に触れる行為又は併合罪として処断すべき罪に当たる行為にこの法律の施行前のものと施行後のものがある場合においては，これらの行為を含む。）に係る刑の適用，仮釈放をすることができるまでの期間及び仮釈放期間の終了については，適用しない。ただし，1個の行為が2個以上の罪名に触れる場合におけるこれらの罪名に触れる行為，犯罪の手段若しくは結果である行為が他の罪名に触れる場合におけるこれらの罪名に触れる行為又は併合罪として処断すべき罪に当たる行為にこの法律の施行前のものと施行後のものがある場合において，これらの行為のうちこの法律の施行後のものであるものに係る罪のみについて新少年法第67条第4項の規定を適用すること

とした場合に言い渡すことができる刑が，これらの行為に係る罪の全てについて同項の規定を適用しないこととした場合に言い渡すことができる刑より重い刑となるときは，刑の適用についてはその重い刑をもって言い渡すことができる刑とし，仮釈放をすることができるまでの期間及び仮釈放期間の終了については同条第5項の規定を適用する。
（換刑処分の禁止に関する経過措置）

第5条　新少年法第67条第4項（少年法第54条に係る部分に限る。）の規定は，この法律の施行後にした行為について科せられる罰金又は科料（次に掲げる罰金又は科料を除く。）に係る労役場留置の言渡しについて適用する。

　　一　1個の行為が2個以上の罪名に触れる場合におけるこれらの罪名に触れる行為又は犯罪の手段若しくは結果である行為が他の罪名に触れる場合におけるこれらの罪名に触れる行為にこの法律の施行前のものと施行後のものがある場合において，これらの行為について科せられる罰金又は科料

　　二　刑法（明治40年法律第45号）第48条第2項の規定により併合罪として処断された罪に当たる行為にこの法律の施行前のものと施行後のものがある場合において，これらの行為について科せられる罰金
（人の資格に関する法令の適用に関する経過措置）

第6条　18歳以上の少年のとき犯した罪により刑に処せられてこの法律の施行前に当該刑の執行を受け終わり若しくは執行の免除を受けた者又は18歳以上の少年のとき犯した罪について刑に処せられた者でこの法律の施行の際現に当該刑の執行猶予中のものに対する人の資格に関する法令の適用については，新少年法第67条第6項の規定は，適用しない。

（記事等の掲載の禁止に関する経過措置）

第7条 新少年法第68条の規定は，この法律の施行後に公訴を提起され
　た場合について適用する。

（検討）

第8条 政府は，この法律の施行後5年を経過した場合において，この法
　律による改正後の規定及び民法の一部を改正する法律（平成30年法律
　第59号）による改正後の規定の施行の状況並びにこれらの規定の施行
　後の社会情勢及び国民の意識の変化等を踏まえ，罪を犯した18歳以上
　20歳未満の者に係る事件の手続及び処分並びにその者に対する処遇に
　関する制度の在り方等について検討を加え，必要があると認めるとき
　は，その結果に基づいて所要の措置を講ずるものとする。

引用文献

（「あとがきに代えて」の引用文献を含む）

American Psychiatric Association (2022). *Diagnostic and statistical manual of mental disorders* (5th ed., text revision). American Psychiatric Association.

Bonta, J., & Andrews, D. A. (2017). *The psychology of criminal conduct* (6th ed). Routledge.

Bruch, H. (1974). *Learning psychotherapy: Rationale and ground rules.* Harvard University Press. （ブルック，H. 鑪 幹八郎・一丸藤太郎（訳編）（1978）. 心理療法を学ぶ——インテンシブ・サイコセラピーの基本原則—— 誠信書房）

土居健郎（1992）. 方法としての面接——臨床家のために—— 新訂 医学書院

Freud, S. (1895). Zur Psychotherapie der Hysterie. In J. Breuer und S. Freud, *Studien über Hysterie* (pp. 222-269). Deuticke. （フロイト，S. 懸田克躬（訳）（1974）. ヒステリーの心理療法 フロイト著作集7 ヒステリー研究他 (pp. 178-229) 人文書院）

Freud, S. (1905a). Bruchstück einer Hysterie-Analyse. In *Gesammelte Werke* V (pp. 161-286). S. Fischer Verlag. （フロイト，S. 細木照敏・飯田 真（訳）（1969）. あるヒステリー患者の分析の断片 フロイト著作集5 性欲論・症例研究 (pp. 276-366) 人文書院）

Freud, S. (1905b). Drei Abhandlungen zur Sexualtheorie. In *Gesammelte Werke* V (pp. 27-145). S. Fischer Verlag. （フロイト，S. 懸田克躬・吉村博次（訳）（1969）. 性欲論三篇 フロイト著作集5 性欲論・症例研究 (pp. 7-94) 人文書院）

Freud, S. (1912a). Zur Dynamik der Übertragung. In *Gesammelte Werke* VIII (pp. 363-374). S. Fischer Verlag. （フロイト，S. 小此木啓吾（訳）（1983）. 転移の力動性について フロイト著作集9 技法・症例篇 (pp. 68-77) 人文書院）

Freud, S. (1912b). Ratschläge für den Arzt bei der psychoanalytischen Behandlung. In *Gesammelte Werke* VIII (pp. 375-387). S. Fischer Verlag. （フロイト，S. 小此木啓吾（訳）（1983）. 分析医に対する分析治療上の注意 フロイト著作集9 技法・症例篇 (pp. 78-86) 人文書院）

Freud, S. (1923). Das Ich und das Es. In *Gesammelte Werke* XIII (pp. 235-289). S. Fischer Verlag.

（フロイト，S.　小此木啓吾（訳）（1970）．自我とエス　フロイト著作集6　自我論・不安本能論（pp. 263-299）　人文書院）

Freud, S. (1940). Abriss der Psychoanalyse. In *Gesammelte Werke* XVII (pp. 63-138). S. Fischer Verlag.（フロイト，S.　小此木啓吾（訳）（1983）．精神分析学概説　フロイト著作集9　技法・症例篇（pp. 156-209）　人文書院）

羽間京子（2002）．「非行少年」への心理的援助の課題　岡村達也（編）臨床心理の問題群（pp. 141-150）　批評社

羽間京子（2015）．治療者の純粋性について――非行臨床から得られた知見――　村瀬孝雄・村瀬嘉代子（編）ロジャーズ――クライアント中心療法の現在――全訂（pp. 50-59）　日本評論社

羽間京子（2018）．被虐待体験と非行の関連について　生活指導研究, *35*, 53-63.

羽間京子・勝田　聡（2022）．保護観察におけるアセスメントツールの動的要因の再犯予測力. 千葉大学教育学部研究紀要, *70*, 7-12.

廣瀬健二（2021）．少年法　成文堂

法務省（2021）．法務年鑑（令和2年）https://www.moj.go.jp/content/001360274.pdf

法務省（2022）．保護統計年報 https://www.moj.go.jp/housei/toukei/toukei_ichiran_hogo.html

法務省法務総合研究所（2001）．法務総合研究所研究部報告11――児童虐待に関する研究（第一報告）――　https://www.moj.go.jp/housouken/housouken03_00043.html

法務省法務総合研究所（2022）．令和3年版犯罪白書――詐欺事犯者の実態と処遇――　日経印刷

保坂　亨・岡村達也（1986）．キャンパス・エンカウンター・グループの発達的・治療的意義の検討――ある事例を通して――　心理臨床学研究, *4*, 15-26.

井上公大（1980）．非行臨床――実践のための基礎理論――　創元社

伊藤良子（2001）．心理治療と転移――発話者としての〈私〉の生成の場――　誠信書房

神尾陽子（2001）．アスペルガー障害（症候群）――そのプロトタイプと現在の治療――　精神科治療学, *16*（増刊号）, 207-211.

勝田　聡・羽間京子（2020）．保護観察における新たなアセスメントツール――期待される効果と課題――　千葉大学教育学部研究紀要，*68*, 317-322.

川出敏裕（2022）．少年法　第2版　有斐閣

Klein, M. (1952a). Some theoretical conclusions regarding the emotional life of the infant. In *Envy and gratitude and other works: 1946-1963* (pp. 61-93). Hogarth Press.（クライン，M.　佐藤五十男（訳）（1985）．幼児の情緒生活についての二，三の理論的結論　小此木啓吾・岩崎徹也（責任編訳）メラニー・クライン著作集4　妄想的・分裂的世界（pp. 77-116）　誠信書房）

Klein, M. (1952b). The origin of transference. In *Envy and gratitude and other works: 1946-1963* (pp. 48-56). Hogarth Press.（クライン，M.　舘　哲朗（訳）（1985）．転移の起源　小此木啓吾・岩崎徹也（責任編訳）メラニー・クライン著作集4　妄想的・分裂的世界（pp. 61-72）　誠信書房）

Laplanche, J. et Pontalis, J.-B. (1967). *Vocabulaire de la psychanalyse* (5e édition). Presses Universitaries de France.（ラプランシュ，J.・ポンタリス，J.-B.　村上　仁（監訳）（1977）．精神分析用語辞典　みすず書房）

中井久夫（2004）．徴候・記憶・外傷　みすず書房

小倉　清（1996）．子どものこころ――その成り立ちをたどる――　慶應義塾大学出版会

小倉　清（2006）．ライフサイクル上の10歳前後――生物・心理・社会的意味――　臨床心理学，*6*, 448-452.

大塚　仁（2008）．刑法概説（総論）　第4版　有斐閣

佐治守夫（2006）．カウンセラーの〈こころ〉　新装版　みすず書房

Segal, H. (1973). *Introduction to the work of Melanie Klein.* Hogarth Press.（スィーガル，H.　岩崎徹也（訳）（1977）．メラニー・クライン入門　岩崎学術出版社）

Winnicott, D. W. (1956). The antisocial tendency. In *Collected papers: Through paediatrics to psycho-analysis* (pp. 306-315). Tavistock.（ウィニコット，D. W.　平野　学（訳）（2005）．反社会的傾向　北山　修（監訳）小児医学から精神分析へ――ウィニコット臨床論文集――（pp. 373-385）　岩崎学術出版社）

Winnicott, D. W. (1965). *The maturational processes and the facilitating environment: Studies in the theory of emotional development.* Hogarth Press. (牛島定信（訳）（1977）．情緒発達の精神分析理論——自我の芽ばえと母なるもの——　岩崎学術出版社)

山口　厚（2015）．刑法　第3版　有斐閣

あとがきに代えて
—2021年法改正と，2022年法改正による更生保護法改正をめぐって

　本書冒頭の「増補新版によせて」で述べたように，少年法等の一部を改正する法律による2021年法改正，及び刑法等の一部を改正する法律等による2022年法改正がなされ，少年に関するものも含めた刑事司法制度は大きな転換期を迎えています。ここでは，あとがきに代えて，2021年法改正に触れた上で，2022年法改正による更生保護法の改正の意義について述べることとします。

1. 2021年法改正をめぐって

　2021年法改正により，少年法の適用対象年齢の上限を20歳に維持しつつ，18歳・19歳の特定少年に対する特例等がいくつか設けられたことは，「増補新版によせて」に記した通りです。つまり，特定少年は，日本の刑事・少年司法制度の中で，17歳以下の少年とも，20歳以上の人とも異なる中間層として位置づけられたと言えます（川出, 2022）。

　一部繰り返しになりますが，特定少年に対して導入された特例等として，たとえば，原則逆送事件に，特定少年のとき犯した死刑，無期又は短期（法定刑の下限）1年以上の懲役・禁錮に当たる罪の

事件が追加されました。また，特定少年に対する保護処分は，犯情の軽重を考慮して相当な限度を超えない範囲内においてしなければならないとされるとともに，虞犯がその対象から除外されました。さらに，特定少年のとき犯した罪により検察官送致となって起訴された場合（略式起訴を除きます）は，氏名，年齢，職業，住居，容貌（ぼう）等によって，その人が当該事件の本人であるかがわかるような記事・写真等の報道（推知報道といいます）が，一部解禁されることとなりました。

　これらの法改正の中で，特に，特定少年が虞犯の対象から外れたことは大きい，と私は考えています。たとえば，第8章で取り上げたLさんは，初版では18歳でした。18・19歳で，Lさんのように，手厚い関与や援助が必要な人は今も存在しています。そうした人への支援を刑事・少年司法制度が担うべきだという趣旨ではありませんが，これまで非行を契機に援助の対象となっていた人が，支援のネットワークからこぼれ落ちていく現実があるとしたら，その受け皿の整備は不可欠です。

　また，同じく第8章で述べたように，児童虐待が非行・犯罪のリスクを高める要因の一つであるなら，児童福祉実施体制の整備をはじめとして，国民生活支援により多くの社会的コストをかけていく必要があります。少子高齢化が進む国において，子どもや若者の育ちの保障と支援のネットワーク作りの必要性を，私たち大人がどれだけ意識化できるかが極めて重要です。

2. 2022年法改正による更生保護法改正をめぐって
──エビデンス（科学的根拠）に基づいた保護観察処遇と，被害者等の心情等を踏まえた処遇の一層の充実について

　2022年法改正の範囲は多岐にわたります。大きな改正の一つは，刑法が制定されてから改正されることのなかった刑罰について，刑事施設での刑務作業を刑の内容に含む懲役刑と刑の内容には含まない禁錮刑を廃止して，拘禁刑が創設されたことです。そして，拘禁刑の目的は懲らしめではなく，「改善更生」と明記され，必要な作業を行わせ，又は必要な指導を行うことができるとされました。

　2022年法改正による更生保護法の改正は，保護観察処遇の更なる充実や，被害者等の心情等を踏まえた処遇の一層の充実等のために行われたものであり，一部を除き，公布から1年半以内に施行されることとなっています。ここでは，非行のある少年に関係する改正点のうち，主要な二つを取り上げます。

（1）エビデンス（科学的根拠）に基づいた保護観察処遇について

　保護観察処遇の更なる充実を目的とした改正のうち，少年に関係する内容の一つとして，エビデンス（科学的根拠）に基づいた保護観察処遇が挙げられます。具体的には，2022年法改正により，保護観察の実施方法として，保護観察に付されている人の犯罪又は非行に結びつく要因及び改善更生に資する事項を的確に把握して行うことが，更生保護法に明記されました（改正後の更生保護法49条1項）。

　これまで述べてきたように，保護観察に付されている人の再犯や再非行の防止と改善更生に向けた処遇を行うためには，適切な理

解やアセスメントが重要です。この点について，国際的に，犯罪をした人や非行のある少年の処遇において，Risk-Need-Responsivity（RNR：リスク・ニード・リスポンシビティ）モデル（Bonta & Andrews, 2017）に準拠することが有益であり効果的であるとされてきています（勝田・羽間，2020）。RNRモデルは，(a) 再犯・再非行リスクを予測し，リスクが高いと認められる人に集中的な処遇を行い（リスク原則），(b) 犯罪誘発性要因を把握して，それを改善するための処遇を実施し（ニード原則），(c) 処遇の方法の選択にあたり，その人に最も適合する方法を選ぶこと（リスポンシビティ原則）を三大原則とします（Bonta & Andrews, 2017）。

　日本の保護観察においては，これまで，再犯・再非行リスクを査定するアセスメントツールが用いられてきました。法務省保護局は，RNRモデルを踏まえ，再犯・再非行リスクを測定し，犯罪誘発性要因と，さらに保護・改善更生促進要因を把握し，犯罪・非行プロセスを分析する新たなアセスメントツールとして Case Formulation in Probation/Parole（CFP：保護観察におけるケースフォーミュレーション）を開発しました（勝田・羽間，2020）。CFPは2018（平成30）年10月から試行され，2021（令和3）年1月から導入されています。犯罪誘発性要因と保護・改善更生促進要因として，家族，交友，学校・仕事，薬物やアルコールの乱用，余暇の状況等が評定されます。そして，保護観察官や保護司は，CFPのアセスメントの結果に基づいて，5段階の区分に応じた処遇密度（面接密度等）により，保護観察処遇を行います。

　試行段階における保護観察開始後2年間の再犯・再非行データの

分析から，より高い犯罪誘発性要因得点とより低い保護・改善更生促進要因得点が，再犯・再非行を有意に予測することが明らかとなるなど，CFPの有用性が確認されています（羽間・勝田，2022）。

　2022年法改正による更生保護法の改正によって，これからの保護観察処遇は，エビデンス（科学的根拠）をより重視して行っていく方向性が明確化されたということです。

(2) 被害者等の心情等を踏まえた保護観察処遇の一層の充実について

　従来から，保護観察所は，保護観察を受けている一定の人に対して，個別に贖罪指導を行い，再犯・再非行防止を図ってきました。さらに，2005（平成17）年施行の「犯罪被害者等基本法」と同年12月に策定された「犯罪被害者等基本計画」を踏まえ，2007（平成19）年12月から，仮釈放等の審理において，申出のあった被害者等から意見を聴いたり，保護観察中の人に心情等を伝達することについて申出のあった被害者等の心情等を伝達したりするなどの被害者等施策を開始しました。処遇面では，同年3月から，犯罪により被害者を死亡させ，又は重大な傷害を負わせた人について，贖罪指導プログラムによる処遇を実施してきました。このプログラムの目的は，犯した罪の重さを認識させ，悔悟の情を深めさせることを通じて，再犯・再非行をしない決意を固めさせるとともに，被害者等に対し，その意向に配慮しながら誠実に対応するよう促すことにあります。

　犯罪をした人や非行のある少年が，被害者等の心情やその置かれている状況を理解することは，再犯・再非行防止のために重要です。そこで，被害者等の心情等を踏まえた保護観察処遇の一層の充実の

ために，2022年法改正により，更生保護法の改正が行われました。たとえば，更生保護法の規定による措置をとるにあたって考慮すべき事項として，被害者等の被害に関する心情及び被害者等の置かれている状況が明記されました（改正後の更生保護法3条）。また，保護観察に付されている人が被害者等の被害の回復又は軽減に誠実に努めるよう，必要な指示その他の措置をとることが，指導監督の方法として規定されました（改正後の更生保護法57条1項5号）。さらに，被害者等の意見等聴取について，聴取事項の明確化等の充実が図られました。

　被害者等の心情等を踏まえた処遇の一層の充実を目的とした法改正は，被害者等への支援という側面からも大きな意義を有します。

　以上，非行のある少年の処遇という観点から，2021年法改正，及び2022年法改正による更生保護法の改正の主要な点について触れてきました。この2年にわたる法改正は，先述の通り，日本の刑事・少年司法制度の大きな転換であり，その施策への影響は広範囲に及びます。そのため，今後，保護観察官等，犯罪をした人や非行のある少年の処遇に携わる者の増員が必要です。何よりも，その力量の向上がさらに求められます。

　本書がその向上の参考になることを祈りつつ，本書を締めくくりたいと思います。

　終わりに，本書の改訂にあたり，法制度面について貴重なご助言をいただいた法務省保護局・田中健太郎さんをはじめ，ご協力くだ

198

さった多くの方々に深謝いたします。また，意見を寄せていただい
た読者の方々に御礼申し上げます。そして，出版までご尽力くださ
った批評社の皆様に感謝の意を表します。

　最後に，保護観察官としての実践や心理臨床の仕事を応援してく
ださり，私が今もその背中を追い続けている，私の師である故・佐治
守夫先生（元東京大学名誉教授）にこころからの感謝を捧げます。

　ありがとうございました。

2022年秋

羽間京子

著者略歴

羽間京子［はざま・きょうこ］

1962年生まれ。1984年一橋大学商学部卒業, 法務省入省。
1997年専修大学大学院文学研究科心理学専攻修了。1999年
千葉大学助教授, 2005年千葉大学教授（現在, 教育学部）。博士
（教育学）（東京学芸大学）, 臨床心理士, 公認心理師。
主な著書に,『ロジャーズ──クライアント中心療法の現在──
全訂』（分担執筆, 2015, 日本評論社）,『公認心理師実践ガイダ
ンス2　心理支援』（分担執筆, 2019, 木立の文庫）,『アディクシ
ョン・スタディーズ──薬物依存症を捉えなおす13章──』（分担
執筆, 2020, 日本評論社）,『刑事司法と福祉』（共編著, 2020, ミ
ネルヴァ書房）, 訳書に,『ロジャーズ辞典』（共訳, 2008, 金剛出
版）。

Psycho Critique── サイコ・クリティーク 9

少年非行
──保護観察官の処遇現場から

2009年 7月10日　初版第1刷発行
2023年 3月10日　増補新版第1刷発行

著者────羽間京子

デザイン────臼井新太郎
発行所────（有）批評社
　　　　　　〒113-0033 東京都文京区本郷1-28-36 鳳明ビル
　　　　　　Tel.03-3813-6344 Fax.03-3813-8990
　　　　　　e-mail:book@hihyosya.co.jp
　　　　　　ホームページ http://hihyosya.co.jp
　　　　　　郵便振替:00180-2-84363
印刷・製本────モリモト印刷（株）

ISBN978-4-8265-0735-6 C3036
©Hazama Kyoko／Printed in Japan 202